保育士を育てる❻

谷田貝 公昭［監修］

乳児保育II

髙橋 弥生・中野 由美子［編著］

一藝社

監修のことば

　本「シリーズ 保育士を育てる」は、保育士を養成する大学・短期大学・専門学校等のテキストとして利用されることを願って刊行するものである。

　本シリーズは、厚生労働省から出ている「保育士養成課程を構成する各教科目の目標及び教授内容について」に準拠したものである。また、ここで取り上げた各教科目は、保育士資格を取得するための必須科目となっているのである。

　保育士とは、「専門的知識及び技術をもつて、児童の保育及び児童の保護者に対する保育に関する指導を行うことを業とする者」(児童福祉法第18条の4)をいう。従前は、児童福祉施設の任用資格であったが、2001(平成13)年の児童福祉法の改正によって、国家資格となった。

　保育士の資格を取得するためには、大学・短期大学・専門学校等の指定保育士養成施設で所定の単位を取得して卒業して得るか、国家試験である保育士試験に合格して取得する方法とがある。

　よく「教育は結局人にある」といわれる。この場合の人とは、教育を受ける人(被教育者)を指すのではなく、教育をする人(教育者)を意味している。すなわち、教育者のいかんによって、その効果が左右されるという主旨である。

　このことは保育においても同じである。保育の成否は保育士の良否にかかっていることは想像に難くない。保育制度が充実し、施設・設備が整備され、優れた教材・教具が開発されたとしても、保育士の重要性にはかわりない。なぜなら、それを使うのは保育士だからである。いかに優れたものであっても、保育士の取り扱い方いかんによっては、子どもの発達に無益どころか、誤らせることも起こり得るのである。したがって保育士は、保育において中心的位置を占めている。

　各巻の編者は、それぞれの分野の第一線で活躍している人たちである。各巻とも多人数の執筆者で何かと苦労されたことと推察し、お礼申し上げたい。

　本「シリーズ 保育士を育てる」は、立派な保育士を育成するうえで、十分応える内容になっていると考えている。

　われわれ研究同人は、それぞれの研究領域を通して保育士養成の資を提供する考えのもとに、ここに全9巻のシリーズを上梓することになった。全巻統一の論旨については問題を残すとしても、読者諸子にとって研修の一助となれば、執筆者一同望外の喜びとするものである。

　最後に、本シリーズ出版企画から全面的に協力推進していただいた一藝社の菊池公男会長と小野道子社長に深甚の謝意を表したい。

　2020年1月吉日

　　　　　　　　　　　　　　　　　　監修者　谷田貝公昭

まえがき

　わが国の少子化が問題視されてからかなりの年月が経っている。少子化にもかかわらず保育所への入所希望者は増加し続け、特に3歳未満児の待機児童対策が各自治体の大きな課題となった。そのため、待機児童の多い各自治体は小規模保育所や企業主体型保育所などを含め、次々と新園を開園している。それにより入園可能な人数の枠は増えたものの、今度は保育士不足により定員まで園児を入所させることができない事態が生じている。さらに、人手不足は現役保育士の業務を過酷なものにし、離職者の増加を招く一因にもなっている。このような保育現場の状況下で、最もマイナスの影響を受けるのは間違いなく子ども達であろう。

　乳児保育を担当する保育士には、「子どもとの愛着関係を築き、子どもが安心して日々の園生活を送ることができる」、「一人ひとりの発達を保障し、助長することができる」、という養護と教育の両面からの知識と技術が一層求められることになった。2018年に施行された「保育所保育指針」「幼保連携型認定こども園教育・保育要領」では3歳未満児に関する記述がこれまでより詳細に示され、乳児保育の重要性が強調されている。さらに、2019年から改正された新保育士養成課程は、乳児保育Ⅰ（講義2単位）、乳児保育Ⅱ（演習1単位）へと見直され、

乳児保育に関する理論と技術をしっかり学び、現在問題となっている乳児保育に関わる様々な問題に対応できる保育士の養成を目指している。

　本書は、新保育所保育指針、新保育士養成課程に準拠した内容で構成している。さらに、3歳未満児と接する機会の少ない学生でも、具体的に保育内容をイメージできる演習問題を各章に設定している。この演習問題をきっかけに、さらに乳児保育に関する学びを深めていただければ幸いである。

　最後に、編集にご尽力いただいた川田直美さんに心より感謝申し上げたい。

　2020年3月

編著者　髙橋　弥生

中野由美子

もくじ

第**1**章

乳児保育の基本

第**1**節 »»» 乳児保育の必要性

► 1　乳児とは、乳児保育とは

　乳児とは何歳までの子どものことを指しているのであろう。児童福祉法第４条では乳児を「満一歳に満たない者」とし、幼児を「満一歳から、小学校就学の始期に達するまでの者」と定義している。一般的にはこの定義に準じて、乳児といえば満１歳未満つまり０歳の子どものことを指している。ただし保育現場においてはこれまでの慣習として、３歳未満の子どもを乳児、３歳以上の子どもを幼児と区分している場合も多い。つまり保育現場において乳児保育といった場合は、０・１・２歳の保育を指していることになる。

　保育現場で０〜２歳と３歳以上を区別するのは、子どもの発達に沿った保育を実現するためである。０〜２歳の時期は、特に養護面を重視しなければならない点、心身の発達や運動面の発達が急激である点、個人差が大きい点、などが３歳以上の幼児の保育とは大きく違う。このような発達上の特性を踏まえて、０〜２歳の保育を乳児保育と位置付けているものと考えるのが妥当であろう。

　2018 年施行の保育所保育指針では、発達の年齢区分を乳児、満１歳から３歳未満、満３歳以上の３区分にわけて、それぞれの年齢段階の保育のねらいと内容を示している。乳児保育に関しては前回の指針より重要視されており、乳児保育が社会から必要とされていると同時にその重

要性と難しさ、奥深さを保育士が理解して保育することを求めているといえるだろう。

▶ 2　社会的環境から生じる乳児保育の必要性

　近年の日本における女性の就業率は、以前のM字型就業から欧米諸国同様の台形に変化しつつある（**図表1-1**）。以前は結婚、出産を機に、退職し家庭に入り家事、育児に専念する女性が多かったが、近年の不況や女性の社会進出に伴い女性も就業を継続することが一般的になってきていることで、このような形に変化してきているのである。しかし、多くの家庭が夫婦と子どもからなる核家族であることから、子どもを保育所に預けざるを得ないため、乳児保育の需要が急激に高まっている。そのため保育所だけでなく認定こども園、小規模保育所などの乳児保育を行える施設が急増しているが、その保育の質を低下させないために前項に記した通り保育所保育指針などに保育の基準をしっかりと示すことになった。

図表1-1　女性の年齢階級別就業率の推移（昭和61〜平成28年）

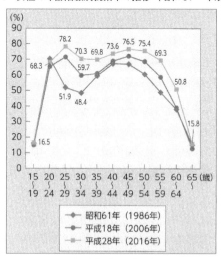

出典：内閣府「男女共同参画白書平成29年版」

▶ 3　育児不安から生じる必要性

　近年保育現場において乳児保育が必要とされるようになったもう一つの理由は、育児不安を抱えた保護者の増加である。現在乳幼児の子育てをしている親の年代は、自分自身が育つ過程ですでに少子化が始まっており、周囲に乳幼児の存在が少ないために乳幼児の様子を見たり関わったりする経験がないまま子育てに直面している。また、核家族の増加により、祖父母に頼ることもできない状況である。そのため、例えばしゃっくりが止まらない、といったことでも不安になってしまう。不安な状況が続くことは、子育てにとってはマイナスであるため、保育の専門家である保育士等が適切な助言や支援をすることで、保護者が子どもと安心して向き合える状況を作ることが期待されているのである。乳児保育に関わる保育士等は、子どもに関する最新の知識、保育技術を備えるとともに、保護者に対するカウンセリングマインドを備えた対応が求められているのである。

第2節 ≫≫≫ 乳児期の愛着形成の必要性

▶ 1　愛着とは

　多くの哺乳類は、生後間もなく自ら移動し母親の乳にたどり着き乳を飲む。しかし人間の乳児は養育してくれる人がいなければ生きていくことができない。自ら移動して乳を飲んだり、排泄をしたりすることができないからである。動物学者のポルトマン（Portmann,A.1897 ～ 1982）はこのような人間の乳児の状況を「生理的早産」としている。他の哺乳類に比べ1年近く早産の状態である、ということである。しかしこの1年間に、人間の乳児は養育者、特に母親と強いつながりを持つことになる。

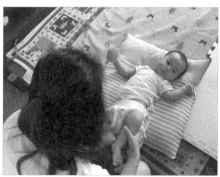

授乳やオムツ替えで満たされる（筆者撮影）

空腹になると泣いて養育者を呼ぶ。すると養育者が授乳をしてくれて空腹は解消される。排泄をした時も同様で、不快な状態を泣いて訴えると、養育者がそれを解消してくれる、ということを繰り返すのである。これにより、乳児はこの養育者に大きな信頼と安心の気持ちを持つことになる。また、養育者も乳児が泣いて自分を求めているということから、子どもに対する愛情が深まり、乳児と養育者の間に強い絆が生まれるのである。これが愛着関係といわれるものである。

▶ 2 愛着形成の必要性

　子どもにとって、特定の養育者と愛着を形成することは、将来の自己肯定感や社会性を育てることに大きく影響する。子どもは愛着形成をしている養育者を安全基地として、徐々に周囲の環境に主体的に関わって遊ぶ意欲が生じてくる。特定の養育者との愛着形成は、子どもの発達の基盤となる関係なのである。保育所保育指針では、「第１章総則２養護に関する基本的事項」の「イ情緒の安定」に、愛着関係を基盤として情緒の安定を図るための保育のねらいと内容が示されている。愛着関係が

養育者との間で形成されていない場合、子どもの情緒は安定せず、たと
え発達を考慮した環境を整えていても保育のねらいを達成することは難
しくなるだろう。このことからも愛着の形成の必要性がよくわかるので
ある。

▶ 3　保育士との愛着形成

　多くの場合は、まず母親との愛着形成がなされるが、保育所などの保
育施設においては保育士が乳児の愛着の対象となる。保育士は親ではな
いので親と同様の関係は築けないと考えたり、母親が一番で保育士は母
親の存在を超えないようにしなければならないと思うのは誤りである。
もちろん子どもにとって親は大きな存在であるが、保育施設で生活をし
ている時間は親の代わりに保育士と愛着関係を築けることが子どもの情
緒の安定につながるのである。保育士が親同様の愛着関係を成立させる
ことで親との愛着関係が壊れることは無い。特に 0 歳の頃には特定の保
育士との愛着関係が重要なため、担当制をとっている保育所も多い。こ
れにより初めての保育所にも安心して通えるようになるのである。

　ただし、家庭との密な連携は不可欠で、子どもが安心して生活ができ
るためにその子が安心する関わり方や生活のリズムなどについて家庭と
連絡を取り合い、同じような関わりをすることも大切である。例えば、
寝かしつける時に家庭ではどのようにしているのか聞き取り、同じよう
な方法で寝かしつけることで、子どもは安心感を持って入眠することが
できるのである。家庭での子どもの様子を把握しておくことも、保育士
の大切な役割なのである。専門的知識を持った保育士から見ると、親の
関わりが未熟に感じることがあるかもしれないが、保育士は親の支援者
であり、ライバルではないということも、当たり前だが心しておく必要
があるだろう。

第**3**節 »»» 乳児の発達の特性

► 1 スキャモンの発達曲線（急激な心身の発達）

　生後から20歳までの身体の発達を一般型、神経型、リンパ型、生殖型の4つに分類して示しているスキャモン（R.E. Scammon、1883〜1952）の発達曲線はよく知られている（**図表1-2**）。これを見ると、6歳までの時期に一般型つまり身体の発達、及び神経型つまり脳やせき髄の発達が急激であることがわかる。0〜3歳未満の乳児保育の時期には、この発達の状態について十分理解した関わりが求められることになるだろう。

　例えば、出生時には身長約50cm、体重約3kgの乳児が、1年間に身長約75cm、体重約頃9kgにまで成長するのである。これほど急激な成長を遂げる時期は、人間の一生を通じて他にはない。この成長が健全に進むよう、食事、運動等において発達に合わせた保育をしなければならない。そのためには、保育室の環境整備はもちろんのこと、食事を支える栄養士との連携も不可欠となる。また、発達には臨界期があり、その時期を

図表1-2　スキャモンの発達曲線

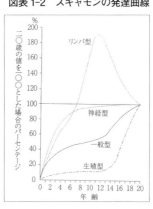

出典：R. E. Scammon, 1930年

逸してしまうと健全な発達が保障されなくなる恐れがある。さらに子どもの成長は個人差が大きいことから、乳児保育においては一人ひとりの発達の状況をしっかり把握している必要がある。1歳から3歳未満の時期には、さらに言葉の発達、運動能力の発達も目覚ましくなり、自我が芽生え他者との関わりについても多様になってくる。これらの発達は、その後の幼児期、学童期以降の基盤となるものであることから、乳児保育に関わる保育士は、この時期の子どもの発達を事前に十分把握しておくことの重要性が理解できるだろう。

► 2　運動能力の発達

　身体の発達が急激であるのと同様に、この時期の運動能力の発達も非常に速い速度で進む。生後間もない時期の新生児は、手は握ったまま、足はM字型の状態で、首も座っていない。運動としては、生得的に備わっている原始反射が主である。ただし原始反射は生後3～6か月ころまでには消失し、徐々に自らの意思で体を動かす随意運動へと変化してくる。

　原始反射の消失に平行して随意運動が見られるようになり、2～3か月で首が座ると、3～6か月頃には寝返りをしたり、おもちゃに手を伸ばして握ったりする姿が見られるようになる。その後、ハイハイ、つかまり立ち、独り立ち、歩行、と1歳前後までは急激な進歩を見せることになる。この時期には運動を促す保育環境を整えると同時に、誤飲や転倒などの事故にも十分配慮する必要がある。特に誤飲に関しては、保育室を清潔に保つことはもちろん、遊具の点検や保育士自身の持ち物にも気を使わなければならない。

　1歳以降、歩行が可能になるとさらに行動範囲が広がる。台によじ登ったり、そこから降りたりする姿も頻繁に見られるようになる。高いところからの落下は命にも関わるので十分な注意が必要である。2歳頃には走りまわることも増え、子ども同士の衝突の危険も生じる。このように、子どもの運動発達に沿った安全な環境作りを常に念頭に置くこと

が、乳児保育の重要なポイントになるのである。

► 3 基盤つくりの時期

　ここまで述べたように、0～3歳未満の子どもの成長は急激であるとともに、生涯の基盤を作る時期でもある。目に見える身体的な発達や運動能力の発達だけでなく、情緒や社会性の発達についても大きな変化がある。また、意欲や他者の気持ちを汲み取るといった非認知能力に関しても、乳児期からの保育士の関わりや周囲の環境が大きな影響を与えるのである。保育所保育指針の総則には、「保育所は、子どもが生涯にわたる人間形成にとって極めて重要な時期に、その生活時間の大半を過ごす所である。このため、保育所の保育は、子どもが現在を最もよく生き、望ましい未来を作り出す力の基礎を培うために、次の目標を目指して行わなければならない。」と記されている。0歳からの乳児保育は、まさに一番下の土台作りとなるのである。乳児保育には3歳以上の子どもの保育とは異なる配慮が必要である。特に生命に関わる危険には十分気を付けなければならない。

演習問題
　1．0歳児と愛着関係を形成するための具体的な関わりについて話し合ってみよう。
　2．0～2歳の時期の運動発達について表にまとめてみよう。

【引用・参考文献】

　厚生労働省「保育所保育指針〈平成29年告示〉」フレーベル館、2017年

　谷田貝公昭編集代表　『改訂新版保育用語辞典』一藝社2019年

　谷田貝公昭・石橋哲成監修　髙橋弥生・石橋優子編著『新版コンパクト版乳児保育』
　　　一藝社、2018年

　谷田貝公昭責任編集『図説子ども事典』一藝社、2019年　　　　　　　（髙橋弥生）

第2章

乳児期の養護の実際

第1節 »»» 生命の保持に関わる援助の実際

► 1 乳児期の養護

子どもがゆったりとくつろいで日々の生活を安心して過ごせるようにするためには、保育士が保育環境を整え、一人ひとりの心身の状態などに応じて適切に対応し、「ここにいてよいのだ」と実感できるよう子どもを受け入れる姿勢が大切である。子どもと生活を共にしながら、保育士が子どもの欲求、思いや願いを敏感に察知し、その時々の状況や経緯を捉えながら、時にはあるがままの姿を温かく受け止め、共感し、励ますなど子どもと受容的に関わることで、子どもは安心感や信頼感を得ていく。そして、保育士との信頼関係をよりどころにしながら、周囲の環境に対する興味や関心を高め、その活動を広げていく。乳児期における養護とは、こうした保育士による細やかな配慮の下での援助や関わりの全体を指すものである。

► 2 生命の保持

(1) 快適な生活

生理的欲求を満たしていくことが、子どもの健やかな成長の支えになるが、単にそれらを満たすだけでなく、抵抗力が弱い乳児は特に健康管理に留意する。午睡時のブレスチェックは、乳児は5分おきに室温・湿度・体位・触診等を確認記録し、「乳幼児突然死症候群（SIDS）」を予防

する。

事例① うつぶせ寝の習慣がついている A ちゃん。抱っこで寝かせても、布団におろすと敏感に反応して泣く。熟睡した後も布団の上で少し抱いたまま布団にぬくもりを作り、保育士と体が離れないようそっとおろす。呼吸を感じる距離で軽くトントン叩き、徐々に離れると、泣かずに熟睡できた。

(2) 健康観察のポイント

　一人ひとりの子どもの平常の健康状態や発育、発達状況を的確に把握し、登園時の健康状態や保育中の子どもの様子を観察する。異常を感じた場合、登園時は保護者に直接確認し、保育中は速やかに適切に対応する。保護者情報は日々保育のヒントになることがあるので、時間が許す限り登降園時にコミュニケーションをとるようにする。

事例②　昨夜寝ぐずり眠れていないと B ちゃんの母からの伝言。確かに珍しく朝からぐずり泣きが多い。熱はなく、抱っこをしても泣いて何かを訴えている。右手を右耳に持っていくことに気付いた保育士。保護者に耳を痛がるしぐさがあり、中耳炎の疑いがあると一報（結果中耳炎だった）。

(3) 生活リズム

　子どもの発達過程に応じた適切な生活リズムが作られるようにすることは、情緒が安定し、無駄にぐずることがなくなり、安心して探索活動をし、伸び伸びと体を動かして遊ぶことにつながる。園の生活リズムに強引に合わせるのではなく、一人ひとりの子どもの生活に合わせ、時には柔軟な対応を図り、家庭と協力して子どもの生活や発達過程等にふさわしい生活リズムが作られていくことが大切である。

第2節 >>> 情緒の安定に関わる援助の実際

▶ 1　情緒の安定

　保育士との温かなやり取りやスキンシップが日々積み重ねられることにより、子どもは安定感をもって過ごすことができ、子ども自身が主体的に活動するようになる。特に、子どもが十分にスキンシップを受けることは、心の安定につながるだけでなく子どもの身体感覚も育てているのである。

事例③　安心感：育時休業中、兄の送迎時は決まっておんぶをされていたC君。入園当初は環境に慣れず泣くのは当然のことであるが、C君はおんぶでの園生活がスタートした。母子分離時に一瞬泣くが、保育室をキョロキョロ確認したり、音楽に合わせて手足をバタバタさせたり、指差しをしたり、環境に慣れるのが早かった。

事例④　自分の気持ちを表す：自分の気持ちを表す食欲旺盛なDくん。お皿を保育士に差し出した。「全部食べてえらかったね」とお皿を保育士が受け取ろうとすると、首を振ってお皿を引っ込めた。「そうか、もっと食べたいの？」とおかわりを取りに行く保育士の姿を目で追い、戻るとニッコリと笑顔でお皿を差し出した。

事例⑤　自己肯定感を育む：積み木を積み上げていたEちゃん。4つ目で崩れてしまうと、保育士の顔を見た。「ガチャって、おもしろいねぇ、アハハハ」保育士が両手を口に当て面白そうに笑うと、じっと見ていた。再度同じことを言い、両手を口に当て笑うと、Eちゃんの表情が変わり、保育士を真似て手を口に当てて笑った。

事例⑥　心身の疲れを癒す：紐のついた犬のおもちゃを引いて歩き回っていたFくん。途中でそれを放して保育士の膝にちょこんと座った。「お帰りなさい。ワンちゃんとお散歩に行ってきたの？」などと会話を

交わしているうちに、急に立ち上がって他児が手放したおもちゃの車を取りに行った。

　生後6か月頃には身近な人の顔がわかり、あやしてもらうと喜ぶなど、愛情をこめて受容的に関わる大人とのやり取りを楽しむ中で、愛着関係が強まる。その一方で、見知らぬ相手に対しては、人見知りをするようになる。その時も「○○先生よ、今度一緒に遊んでもらおうね」と、保育士が安心できる人であることを子どもに伝え無理なく関わるとよい。

▶2　言葉の発達

　言葉の発達にも養護的関わりが影響する。子ども自身が主体として受け止められ、受容される経験を積み重ねることによって、育まれる特定の大人との信頼関係を基盤に、世界を広げ言葉を獲得し始める。生後9か月頃になると、身近な大人に自分の意思や欲求を指差しや身振りで伝えようとするなど、言葉によるコミュニケーションの芽生えが見られるようになる。自分の気持ちを汲み取って、それを言葉にして返してもらう応答的な関わりの中で、子どもは徐々に大人から自分に向けられた気持ちや簡単な言葉がわかるようになる。

事例⑦　動物の名前を「にゃんにゃん」「わんわん」と鳴き声で表現し始めたGちゃん。「にゃんにゃんいたね。（受け止め）にゃんにゃんって鳴くネコ。かわいいね」と次のステップで表現し形容詞も入れて（教育）応答的な関わりをした。

第3節 »»» 乳児の養護に関わる環境構成

▶1　環境構成

　子ども達が保育所で健やかに過ごすためには環境構成が重要である。

０歳児の保育室全景（筆者提供）

一人ひとりの生活リズムや発達に合わせた環境を整え、保育士との応答的な関わりを通して、人やものに興味関心をもてるよう配慮し、様々な経験を通して豊かな感性を育んでいくねらいがある。保護者にも安心してもらえるよう、衛生的で温かみのある雰囲気を作り、季節ごとに装飾をするなど安心して送迎してもらうようにする。

（1）誰でも整理しやすいロッカー

ロッカーにはマークや子どもの写真を貼り、誰がどのロッカーを使っているか分かりやすくする。連絡帳、着替え、オムツなどイラストカードなどで表示し、荷物整理が簡単に行えるようにする。

（2）玩具は子どもの目線、手の届く位置に

保育士の目線で置き場を決めるのではなく、子どもの好奇心を刺激するよう成長過程を視野に入れ、子どもの目線で考える。

視覚的にわかりやすい工夫があちこちに（筆者提供）

子どもが手にとりやすい量でおもちゃを充実させる（筆者提供）

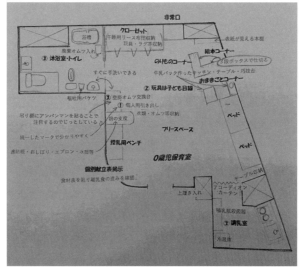

0歳児保育室の見取り図（筆者提供）

（3）導線を考えた調乳室、沐浴室、オムツ交換スペース

　乳児期の生活は、一人ひとりに合わせてケアを行うので、保育士同士の連携がとりやすい環境づくりを考える。例えば、調乳をしながら保育室を見渡せる、沐浴室近くに着替えスペースを作るなど。

▶ 2　保健的で安全な保育環境

　保育所は多くの子ども達が一緒に生活する場である。感染症の広がりを防ぎ、安全で快適な保育環境を保つために日頃から清掃や衛生管理を心掛ける（児童福祉施設の設備及び運営に関する基準第10条参照）。

(1) 保育室

・日々の清掃で清潔に保つ。ドアノブ、手すり、照明のスイッチ等は、水拭きした後、アルコール等による消毒を行うとよい。

・季節に合わせた適切な室温湿度を保ち換気を行う。加湿器使用時は、水を毎日交換する。エアコンも定期的に清掃する（保育室環境の目安は室温夏26〜28℃、冬20〜23℃、湿度60％）。

(2) 調乳・冷凍母乳

・調乳室は清潔に保ち、調乳時には清潔なエプロン等を着用する。

・哺乳瓶、乳首等の調乳器具は適切な消毒を行い、ミルク（乳児用調整粉乳）は衛生的に保管する。使用開始日を記入し早めに使い切る。

・ミルクは、サルモネラ属菌等による食中毒対策として、一旦沸騰させた70℃以上のお湯で調乳し、40℃まで冷まし調乳後2時間以内に使用しなかったもの、飲み残しは廃棄する。

・冷凍母乳は母乳を介して感染する感染症もあるため、保管容器には名前を明記し、誤飲のないよう十分注意する。

(3) おもちゃ

・直接口に触れる乳児のおもちゃについては、おもちゃを用いた都度、湯等で洗い流し干す。他の玩具は適宜水（湯）洗いや水（湯）拭きを行う。

(4) 寝具

・衛生的な寝具に布団カバーをかけて使用し、定期的に洗濯する。

・尿や便、嘔吐等で汚れた場合は、保育室から出して熱消毒等を行う。

(5) オムツ交換

・糞便処理の手順を職員間で徹底する。（1ケア1手洗い、使い捨て手

袋使用、交換台の消毒等）

・手洗い後は、ペーパータオル又は個人のタオルで手を拭く。

（6）園庭

・各保育所が作成する安全点検表等による安全・衛生管理を徹底する。

・動物の糞尿は速やかに除去し、樹木や雑草は適切に管理し消毒する。

・水溜まりを作らないよう（玩具等使用後は）屋外に放置せず片付ける。

　室内外の衛生的な環境維持に努めるとともに、保育士自身が清潔な服装、短い爪、頭髪が子どもにかからない等の配慮をする。手洗いの徹底は勿論、日々の体調管理等、衛生知識の向上に努めることも重要である。

演習問題

1．登園時泣いている子どもにどのような言葉かけをしたらよいだろうか。

2．午睡時、なかなか寝付けない子どもの対応を考えてみよう。

【引用・参考文献】

厚生労働省編『保育所保育指針解説』フレーベル館、2018年

保育所における感染症対策ガイドライン（2018年改訂版）厚生労働省 2018（平成30）年 3 月 https://www.mhlw.go.jp/file/06-Seisakujouhou-11900000-Koyoukintoujidoukateikyoku/0000201596.pdf （2019.12.20最終アクセス）

（中山映子）

第**3**章

乳児期の子どもの学び

第**1**節 »»» 乳児期の学びとは

▶ 1 乳児期の学びの特徴

　乳児期の子どもたちは、自身の身体を動かし体験を通して世界を知っていく。すなわち乳児期にとっては体験一つひとつが学びとなるのである。これまでも、環境を通して、生活や遊びを通して子どもは学ぶと捉えられてきたが、2018 年度より施行の新保育所保育指針において、保育所が「幼児教育を行う施設」であることが明記された。保育のねらいと内容においても、0 歳児、1 ～ 3 歳未満児のそれぞれの教育の視点が示された。0 歳児の 3 つの視点、1 歳以上 3 歳児未満の 5 領域に示されたねらいと内容をふまえ、乳児期ならではの学びが体験できるようにしたい。そして、その教育は養護と一体となって行われることが重要である。

　保育士においては、子どもたちが保育の様々な場面で"学び"をしていることを意識して意図的に環境を構成し、その意味を説明できることが必要となる。認知能力、非認知能力の双方に目を向け、乳児期からの育ちを支えたい。

▶ 2 乳児期の学びと幼児期への学びのつながり

　生涯にわたる生きる力の基礎を培うにあたり、以下の資質・能力を育むことが示された。

> （ア）豊かな<u>体験を通じて</u>、<u>感じたり</u>、<u>気付いたり</u>、<u>分かったり</u>、<u>できるようになったりする</u>「知識及び技能の基礎」
>
> （イ）気付いたことや、できるようになったことなどを使い、<u>考えたり</u>、<u>試したり</u>、<u>工夫したり</u>、<u>表現したりする</u>「思考力、判断力、表現力等の基礎」
>
> （ウ）心情、意欲、態度が育つ中で、<u>よりよい生活を営もうとする</u>「学びに向かう力、人間性等」
>
> （保育所保育指針第1章4（1）・下線は筆者による）

　この記載の仕方から読み取れるように、これらの力は、子どもが体験の中で心を動かし、体と頭を働かせて育まれていくものである。子どもの主体的な活動を保障し体験を豊かにすることが学びを豊かにすると考えて日々の保育を行いたい。

　そして、このような日々の体験が、「幼児期の終わりまでに育ってほしい10の姿」に繋がっていく。例えば、0歳児期に人と一緒にいて心地よいという体験をすると、それを土台に1〜2歳代で大人の仲立ちにより友だちとの関わり方を試行錯誤しながら学ぶ。そして4〜5歳頃には友だちと一緒に活動する楽しさを感じたり、その中で協力したりするようになる。そしてそれが10の姿の共同性や道徳性・規範意識の芽生えとして見えてくるのである。このように、卒園の頃の育ちにつながる力は0歳児から芽生えているものであり、その年齢の発達に必要な体験をすることで、子どもの学びは積み重なっていくのである。

第2節 ≫≫ 乳児の学びを支える環境

　1日の大半を過ごすことになる乳児期の学びを支える環境として、情緒が安定するような温かい環境、安心して関われる安全な環境、また自然や季節等を感じられるよう、豊かな環境を準備したい。

▶ 1　人的環境

　保護者や地域の人々、なかでも保育士が子どもと関わる際には、受容的で応答的であることを大事にしたい。このような関わりを通して愛着が形成され、保育士を安全基地として探索活動が広がっていく。受容的で応答的な関わりとはいえ、先回りはしないよう気をつけたい。常に快適であることが重要なのではなく、自分に不快な状況を感じたら、保育士が気付いて傍に来て、自分の状況に共感する言葉かけをしてくれ、ケアにより自分が快の状況になる、という一連の変化をしっかり味わうことが大切な学びなのである。

　安定した愛着形成等の観点から 0 歳児クラスにおいては担当制をとることもある。その特定の保育士を安全基地としながら、周りの保育士同士が連携して対応し、関係の広がりがもてるようにすることが重要である。

　遊びにおいて一緒に楽しむことも子どもにとってやり取りの楽しさのきっかけになったり、さらに遊びを広げることになる。また、保育士の意図する関わりだけでなく、子どもは保育士の表情や動きからもメッセージを受け取る。例えば、友だちとのいざこざの際、謝ることを期待する雰囲気にならないようにしたい。悲しい思いをしている子どもの気持ちにも、一生懸命主張した結果いざこざになってしまった子どもの気持ちにも寄り添うことが大切である。子ども自身が納得して身につけた力は、応用のきく学びになっていく。できるできないではなく、取り組もうとしている姿、プロセスに目を向け、子どもが学び、やり遂げようとしている姿を支えたい。

　また、1 歳半頃から盛んに模倣する姿が見られるようになる。特に大好きな保育士のしていることは真似をしたくなる。保育士はモデルとなる存在であり言葉遣いや所作に配慮したい。そして、保育士の関わりや遊びを介して、子ども同士の繋がりも生まれていく。

► 2 物的環境

　子ども自身が使いやすい動線が重要である。例えば、手洗いにおいて踏み台を置く等の配慮をすることによって自分で手洗いができるようになる。また、スペースを小さく区切ることで子どもが安心して遊べるようになる。さらに保育環境の明るさ、色、音についても意識を向けたい。

　また、子どもが扱う玩具等、ものがもつ意義については、以下のような点が考えられる。これらを意識して環境構成や教材の準備をするとよいだろう。

・身体を育てる（粗大運動、微細運動の育ちを促す）

・情緒を育てる（発見、共有、共感、驚き、気持ちのコントロール等）

・自分のペースで関われる（試行錯誤、秩序の感覚の表現等）

・関係を作る（コミュニケーションを生む・支える）

・イメージを共有する（見立てが分かりやすく、共有しやすい）

・原因と結果が分かりやすい（達成感に繋がる）

（小川編、2010 を参考に乳児期を意識して表記）

（1）粗大運動

　育ってきた力を生かせる環境を整えたい。0歳児であれば、様々な月齢の子どもに対してそれぞれが求める遊びを準備する。1歳児であれば、歩く、起伏のある場所を歩く等の動き、2歳児であればもう少し複雑なジャンプをする、飛び石のような場所を渡る、また

起伏や景色の違いを味わう（筆者提供）

それらを組み合わせてサーキットのようにしたものも楽しい活動である。

（2）微細運動

1歳頃から指先でものをつまむことができるようになる等、指先の巧緻性が高まる。細かいものをつまんで移動するような遊びやシールはり、指先を使うような遊びを準備したい。2歳頃には左右の手の協応により行える遊び、例えばボタンはめ、ひも通しなども楽しい。

1歳児クラスでのごっこ遊び（筆者提供）

（3）感覚遊び（五感を育てる遊び）

水遊び、砂遊び、どろ遊び、片栗粉を使った遊び、ねんど、新聞紙遊び、フィンガーペインティング等、子どもの働きかけで様々に変化する素材を準備したい。

（4）ごっこ遊び

生活経験を再現する遊びも好むようになる。日常で経験するような内容を展開できるよう、イメージが広がり共有できる教材を準備できるとよい。

（5）絵本

身近なものや子どもにとって親しみのあるものが出てくるお話、擬音や繰り返しがある等、子どもの年齢や興味に合わせて準備したい。伊瀬（2018）では、絵本の量や並べ方、紙の厚さ等も検討すると、より質の高い絵本の環境にできることが指摘されている。

ものを間に挟み、やりとりが生まれる
（筆者提供）

（6）音楽やリズム

だっこで心地よいリズムを子ども

と共有することや、わらべ歌、ふれあい
遊び等、生活や遊びの中で取り入れたい。
また身近にある音に気づくような環境を
取り入れ、それに気がつくような言葉か
けを心がける。

物的環境の活用は遊びの場の共有や、
同じものを介した平行遊びから、子ども
同士がつながりをもてるよう助けてくれ
る。この時期は、言葉の発達ややりとり
等が未熟であることからかみつき等も生
じるが、衝立等ものを挟むことで、ほど
よいやりとりがうまれることもある。

左右の手を協応させ、とうもろこしの皮をむく（筆者提供）

► 3 自然環境

園庭や近隣の環境に豊かな自然環境があることは望ましいが、身近な
自然等を丁寧に取り入れ、そこに子どもたちが触れたり発見したりでき
るように整えることも意義がある。例えば、お散歩に行き木の葉の色が
変わったことに気付くこと、園庭にやってきた虫をじっと見ること、雨
の降り始めの土の匂いに気付くこと等、日々の保育の中に様々な機会が
ある。また、季節の食材に触れる、簡単な手伝い等を行うなど、手触り
や匂いを体験することも取り入れていきたい活動である。

第3節 »» 乳児期から育む主体性

► 1 主体性の土台

生理的な欲求をはじめ、まずは安心して自分の状態を表出でき、それ

が受けとめられる体験を通して、子どもはありのままの自分を出してよいと感じる。そのうえで、やりたいと思ったときにそれができる充実した環境があることで、子どもは自身の発達に必要なものを自ら取り込んでいく。この発達に必要なものは、今できていることでもあり、時間をかけたり他者の手助けがあればできること、つまりヴィゴツキー（Vygotsky, L, 1896 ～ 1934）のいう「発達の最近接領域」でもある（青木編、2007）。保育士は、この両者が保育の中で充実するよう心がけたい。

　また、主体性を育むためには、乳児クラスから子ども自身が選べる高さに玩具を準備することも有効であろう。子ども自身が遊びを選べる環境を準備すること、その環境とじっくり関わる時間を保証することが重要である。さらに、毎日の生活の中で、一日の流れや活動の手順、動線が安定していることも重要である。そのことは子どもにとって次に何があるのか分かりやすく、見通しをもつことに繋がる。例えば、1歳児クラスで「おさんぽ」と保育士が話せば、自分で帽子を持ってくる等である。この時期にも見通しの芽生えはあり、子どもが自ら動くことを支えている。

▶ 2　乳児期からの自己表現

　乳児期から子どもは快、不快の情動を表現する。また、興味のあるものの方をじっと見たりする。子どもの動きや表情、発声等、子どもの発信に気付き、大切に受けとめたい。自分の発信を受けとめてもらえた子どもは、大人を振り返り遊びで発見したこと等について安心して自分の思いを体や表情で気持ちを伝えてくるだろう。そして、生活や遊びの中で発揮できる。活動のねらいを大切にしつつ、個々の子どもの興味関心や学びのプロセスも大事な表現として受けとめ、子どもとともに活動を展開したい。3歳未満児は、表現がささやかで未熟さもある。また、大人に伝わりにくい表現になることもある（例えば、嫌なことがあったときに「眠い」と言う等）。文脈を意識し、子どもの内面に意識を向けて子ど

もに寄り添いたい。また、一人で全ての場面を見ることは難しいのでほかの保育士との共有、そして家庭からの情報を得て連携をしながら対応することが重要である。

演習問題

1. ０・１・２歳児、それぞれの発達を想定し、新聞紙、布等、様々に変化できる教材を用いて多様な遊び方を考えてみよう。
2. 子どもの遊ぶ写真や映像を見て、その子どもが体験している"学び"を見つけよう。

【引用・参考文献】

青木紀久代編『発達心理学　子どもの発達と子育て支援』みらい、2007年

伊瀬玲奈編『0.1.2歳児保育「あたりまえ」を見直したら保育はもっとよくなる！』学研、2018年

小川清美編『演習 児童文化』萌文書林、2010年

厚生労働省「保育所保育指針」2017年

（丸橋亮子）

第4章

乳児保育における指導計画の実際

第1節»»» 長期計画と短期計画の関連

► 1 長期計画と短期計画の関連

　保育所における保育は、計画とそれに基づく養護と教育が一体となった保育の実践を、保育の記録を通じて振り返り、評価した結果を次の計画の作成に生かすという、循環的な過程を通して行われるものである。子ども自らが興味や関心をもって環境に関わりながら多様な経験を重ねていけるようにするためには、保育士等が乳幼児期の発達の特性と一人ひとりの実態を踏まえ、保育の環境を計画的に構成することが重要である。

> ア　保育所は、全体的な計画に基づき具体的な保育が適切に展開されるよう、子どもの生活や発達を見通した長期的な指導計画と、それに関連しながら、より具体的な子どもの日々の生活に即した短期的な計画を作成しなければならない。(保育所保育指針第1章3(2))

　全体的な計画に基づき発達過程を見通し、年・数か月単位の期・月などの長期的な見通しを示すものと、それを基に更に子どもの生活に即した週・日などの短期的な予測を示すものとを、保育の実践に合わせて作成し、それらを組み合わせて用いる。(**図表 4-1**)

図表 4-1　長期計画と短期計画の関連性

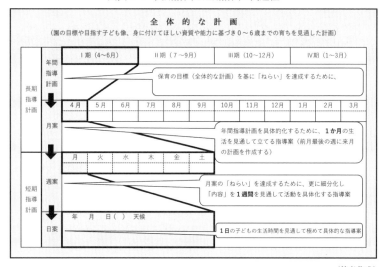

（筆者作成）

► 2　長期計画のポイント

　長期の指導計画は、子どもの発達や生活の節目に配慮し、それぞれの時期にふさわしい保育の内容について作成する。家庭及び地域との連携や行事等と日常の保育に繋がっていることが重要である。

（1）年間指導計画

ア．昨年度の年間指導計画の評価から

　　　全体の計画、昨年度の年間指導計画の評価をもとに、今年度の園生活を計画していく。自然との関わり、地域の特性、行事の位置づけ、家庭との連携も考慮する。

イ．ねらいと内容の作成

　　　それぞれの時期にふさわしい生活が展開されるよう、その時期に育てたい「ねらい」と「内容」を明確にする。

ウ．環境の構成と保育者の援助

　　　「全体的な計画」に発達を促す視点からその時期のポイントを

おさえていく。

(2) 月間指導計画作成のポイント（年間指導計画の細案）

ア．子どもの実態の把握

　　全年間指導計画を基に、今の子どもの生活する姿を把握し、季節の変化や行事等に応じて、その月の園生活を予想する。

イ．ねらいと内容の作成

　　前の月の子ども達の姿（保育の評価）から、「今月のねらい」を立て、その内容を考え、それを実践するための環境構成と保育士の援助を考える。

▶ 3　短期計画のポイント

　長期計画を踏まえた上で、その時期の子どもがどのようなことに興味や関心を持っているか、どのようにして遊んだり生活したりしているかを基に計画する。一週間を単位とした週案と、1日を単位とする日案とに分けられる。

(1) 週案作成のポイント

　前週の子どもの実態を基に、生活の流れを予想する。一週間の流れの中で、子どもが主体的に活動できるような場や空間をどう設定するか、遊具、用具、素材などの物や人とどのように出会い関わるか、そのために必要な時間や流れをどう保障するかを考える。

(2) 日案作成のポイント

　日案は、前日の実践の反省・評価から子どもの実態を十分に捉え、一日の生活の流れに応じて、具体的にねらいと内容を考え、環境構成や援助の方法を明らかにしたもの。どのような活動や遊びが展開されていくのかを予想し、そのためにどのような環境を構成するのか、保育士はどう関わっていこうとするのかなどについて予想する極めて具体的な指導計画である。実践の中では計画した通りに進むことばかりではなく、計画と実践の中で、子ども達の遊びに応じて絶えず修正されうるものであ

り、計画に対して柔軟性をもつことが大切である。

第2節 »» 個別の計画の必要性

▶ 1　3歳未満児の保育

(1) 0歳児

> （前略）発達の特徴を踏まえて、乳児保育は、<u>愛情豊かに、応答的</u><u>に行われること</u>が特に必要である。（保育所保育指針第2章1 (1) ア）

　0歳児保育の「ねらい」及び「内容」は、発達の未分化性に合わせて「身体的発達」「社会的発達」「精神的発達」の3つの視点で展開される。歩行の完成、ミルクから離乳食を経て普通食に、午前睡がなくなり生活のリズムが整う。発声、喃語を盛んに発し言語を獲得していく。身近な人達の愛情を感じ信頼感が生まれ愛着関係が築かれ、安心できる環境の下、探索活動を活発に行う。しかし、月齢差に加え、発達には個人差があるので一人ひとりをよく観察し援助しなければならない。発達の著しい0歳児の年間計画は、発達過程を月齢で分け、月案は個別に立案する必要がある。

(2) 1歳以上3歳未満児

> （前略）<u>自分でしようとする気持ちを尊重し、温かく見守る</u>とともに、愛情豊かに応答的に関わることが必要である。（保育所保育指針第2章2 (1) ア）

　保育の「ねらい」及び「内容」は、この時期の特徴を踏まえ、5領域

に分けるが、相互に関わり展開される。運動機能の発達に加えて、指先の機能も発達してくる。基本的生活習慣に興味を示し、自分で行おうとする意欲が芽生え、語彙も増え会話を楽しみ、自分の意志や欲求を言葉で表わすようになる。模倣が盛んになり、見立て遊びからごっこ遊びへと移行し、他者との関係が生まれる。子どもの具体的な姿から、適切な環境を構成し、子どもの主体的な活動を温かく見守り、成功体験を沢山させていく。しかし、自我の芽生えから癇癪や他児とのトラブルもある。子どもの気持ちに寄り添い丁寧に関わっていく中で、様々な感情のコントロールが可能になり、自他の区別も理解していく等、子どもの発達の姿を予想して立案するとよい。この時期もまだ月齢による個人差があるので、必要に応じて個別の指導計画を立案する。

▶ 2　個別の指導計画の必要性

　3歳未満児は、特に心身の発育・発達が著しい時期であると同時に、その個人差も大きいため、一人ひとりの子どもの状態に即した保育が展開できるよう個別の指導計画を作成することが必要である。心身の諸機能が未熟であるため、担当する保育士間の連携はもちろんのこと、看護師・栄養士・調理員との緊密な協力体制の下で、保健及び安全面に十分配慮することが必要である。また、保護者の思いを受け止めながら、「子どもの育ちを共に喜び合う」という基本姿勢の下で、一人ひとりを大切にした家庭との連携を指導計画に盛り込んでいく。

▶ 3　個別の指導計画のポイント

　保育を行っていくために、成育歴・心身の発達を理解し、月毎に個別の計画を立てることを基本とする。子どもにとって、今何を大切にすれば良いのか、育ってきた力をどのように伸ばし、主体的な活動ができるか等、子どもが興味をもった好きな遊びが実現できる環境を整え、個別の計画を立て、記録に残す。それがクラス全体の立案と相互に結び付い

ていることも考慮し、保育士全体で情報を共有し、共通理解していくことも大切である。さらに緩やかな担当制の中で、特定の保育士等が子どもにゆったりとした関わりをもち、情緒的な絆を深められるよう指導計画を作成する。集団生活の中で、一人ひとりにどれだけ丁寧に対応できるかが重要な課題である。

第3節 »» 乳児保育の評価の方法

► 1 評価を踏まえた計画の改善

保育における振り返り（評価）は、保育士の計画通りに子ども達が活動したか、子どもの発達する姿を捉えることと、それを生み出した環境構成や援助、ねらい・内容（保育計画）は適切であったか、保育技術はどうであったか等の両面について行う。それを明日の保育に繋げ、繰り返すこと（PDCA サイクル）により、よりよい保育となっていく。また、

図表 4-2　保育所の組織的取り組みの運動

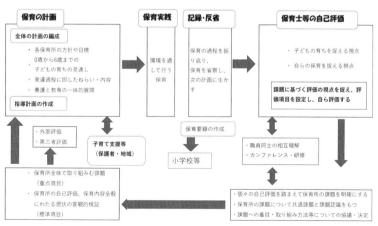

（筆者作成）

会議の場以外でも日々の保育、子どもの姿、他者との関係等職員間で気軽に話し合い、多角的に子どもを観察し視野を広げることも大切である。

▶ 2　保育士の役割

(1)　子どもを理解する

一人ひとりの子どもが今何に興味があり、何を感じているのか、何にチャレンジしようとしているのかを捉え、一人ひとりの子どもがそうした経験が得られるように環境を構成し、援助をしていかなければならない。つまり、子どもをどう理解するのかが保育の出発点であり、そこから保育が始まる。

(2)　行為の意味を理解する

子どもの行為は、その時々の思いやそれまでにあった気持ちなどの内的なものが反映されて表れているものである。保育士からみれば何気ない行為が、その子にとっては大きな意味があったということはよくある。だから、一人ひとりの子どもの行為の意味を理解するためには、言動、表情、しぐさなどに表されたものから、その内面や気持ちをさぐっていくことが大切である。

(3)　発達する姿を捉え、見通す

子どもの行為の意味を理解していくことは、同時に子どもの発達する姿を捉えていくことである。さらには、その行為を通して子どもが、発達に必要な経験を得ているかどうかを考えることになり、それが環境構成や自らの関わりの方向性を決めることになる。子どもが成長していく姿は、共通した過程をたどっていく。しかし、一人ひとり家庭環境や生活経験が異なり、発達のたどり方は一様ではないので、それぞれの育ちを捉えていかなければならない。たとえ同じ遊びをしていても子どもにとってのイメージなどは皆違うことに留意し、その子どもに応じて関わることが大切である。

演習問題

1. 0〜2歳児の月案を本などから探して、個別計画に関する記載を確認してみよう。
2. 「家庭との連携」について考えてみよう。

【引用・参考文献】

厚生労働省保育所保育指針解説2018 hokyo.or.jp（2019. 12.12最終アクセス）

高知県教育委員会事務局　幼保支援課「指導計画・園内研修の手引き〜つくろう笑顔の輝く明日の保育〜」http://www.pref.kochi.lg.jp>soshiki（2019. 12.12. 最終アクセス）

汐見稔幸監修『イラストたっぷりやさしく読み解く　保育所保育指針ハンドブック2017年告示版』学研プラス、2017年

社会福祉法人日本保育協会監修、開仁志編著『個性がキラリ0・1・2歳児の指導計画の立て方』中央法規、2017年

（中山映子）

第**5**章

乳児期の健康と安全

第**1**節 »»» **乳児期の病気と感染予防**

► 1　乳児期の病気

　子どもは、母親の胎内から免疫をもらって産まれているので、生後半年くらいはあまり病気にかかりにくいとされている。とはいうものの、乳児は大人に比べて身体が未熟なため、いろいろな病気にかかる可能性が高い。また、月齢が低いうちは泣くこと以外にコミュニケーションツールを持たないので、病気になっても症状や辛さを言葉で伝えることができない。そのため、周囲が乳児の病気に気づいてやれずに深刻な病気を見過ごしてしまうことも少なくない。どんな病気があるのか、かかりやすいか、どうやって病気かどうか把握するかなどを知っておくことはとても大切である。乳児期に良くかかる病気といわれているものを一覧にした（**図表 5-1**）。

► 2　感染予防

　厚生労働省は、保育所感染症対策ガイドラインを 2012 年以来 6 年ぶりに改訂（2018 年）し、最新の知見が盛り込まれた内容にした。例えば、感染症になって登園再開するに当たり、「医師が作成する意見書」と「保護者が作成する登園届」の参考様式を提示している。厚生労働省は「一律に（主治医意見書と登園届を）必要とするものではなく、保育所と医療機関、地区医師会などが協議して地域ごとに決めてほしい」として、

図表 5-1　乳児がかかりやすい病気一覧

病名	潜伏期間	感染経路	主な症状	出席停止期間	かかりやすい時期（好発時期）	予防
突発性発疹	10日	飛沫・経口・接触	39度前後の熱が3日程度続く	解熱後一日以上経過し全身状態が良くなるまで	0歳	予防接種なし
麻疹	10 － 12日	飛沫・接触・空気	38度以上の熱、鮮やかな赤の小さな班から融合し次第に色素沈着する発疹、くしゃみ、咳、鼻水、結膜炎症状、コプリック班	解熱後3日を経過してから、発疹は色素沈着まで	乳幼児、特に1歳	ワクチン
手足口病	3－4日	飛沫・経口・接触	手・足・口に水疱の発疹、軽い風邪のような症状もあり、口の中に口内炎ができて食事がとれないこともある	解熱後1日以上が過ぎて普段の食事ができるようになるまで	1－2歳	再感染あり
ヘルパンギーナ	2－4日	飛沫・経口・接触	38－39度の熱、咽頭炎、咽頭に小さい白い水疱	解熱後1日以上が過ぎて普段の食事ができるようになるまで	1－4歳	再感染あり
RSウイルス感染症	2－8日	飛沫・接触	38－39度の熱、咳、鼻水、呼吸困難	呼吸症状が消失し、全身状態が良くなるまで	乳幼児	再感染あり
百日咳	7－10日	飛沫・接触	平熱、咳、嘔吐	特有の席が消失するまで	0－1歳	ワクチン

（筆者作成）

図表 5-2　感染症の主な種類

飛沫感染	咳やくしゃみなどで飛散する体液の粒子（飛沫）が他人の粘膜に付着することで感染するもの
接触感染	皮膚や粘膜の接触、大人の手や手すりなど物体表面を介しての間接的な接触で病原体が付着し感染するもの
空気感染	咳やくしゃみなどで飛沫として空気中に飛散した病原体が、空気中で水分が蒸発して軽い微粒子（飛沫核）となって呼吸により粒子を吸い込むことにより感染するもの

（筆者作成）

より登園再開について協議の必要性を現している。加えて、医師が意見書で登園許可を出す際の目安（表）をも提示している。図表 5-1 にも登園に関する記載を加えたので再度確認してほしい。

　乳児がかかりやすい病気には感染症が多い印象があると思うが、ワクチン接種により予防できるものも多い。また、感染症対策を保育する立場の者が徹底することで予防できるものもある。次は具体的な感染症対策に関する方法について述べる。

（1）　感染症対策

　感染症を防ぐには、感染源と感性経路と感受性への対策が重要といわれている。集団の中で子どもを預かる環境下のため、感染源と判明した時点で感染が拡大しないような隔離等の配慮が必要となってくる。また感染源である子どものケアを通して保育士が病原体を運び他の子どもたちに移さないような意識をもつこと、さらに症状が軽減して一定の条件を満たすまでは登園を控えてもらうように保護者へ理解を求めることも感染源対策として重要である。

　感染経路別対策としても、咳エチケットの指導を徹底したり、職員が遂行したりなどの工夫が必要かと思われる。保育所感染症対策ガイドラインには、咳エチケットとは、飛沫感染で感染を広げないために守るべき項目とし、次のようなことが記載されている。

・咳やくしゃみを人に向けて発しないようにする。

・咳が出るときはできるだけマスクをする。

・マスクがなくて咳やくしゃみが出そうになった場合はハンカチ、ティッシュ、タオル等で口を覆う

・素手で咳・くしゃみを受け止めた場合はすぐ手を洗う

　また、保育する環境の空調に視点を向け、部屋の換気を適切な時間に適切な時期に行うといった毎日の中で効果のある対策を徹底することも重要といえる。

　子どもたちの動きの特徴として、口や鼻や目などといった顔の部分を触る傾向が強いことは否めない。顔は体内に直接病原体が入る可能性が高い部分であるため、子どもの手指の衛生に気を配ったり、保育士らの手洗い遂行を行うことも求められている。先行研究では、保育士や保育学生の手洗いは毎日繰り返し行われる行為であるため、いつの間にか自己流化し洗い残しが多い結果が明らかになっている。定期的な振り返りや点検が必要であるように思われる。正しい手洗いの方法は図表 5-3 に示すような手順を踏むと良いと思われるので参考にしてほしい。

図表 5-3　手洗いの手順

1 掌を合わせて洗う

2 手の甲を洗う

3 指先やつめの間を洗う

4 指の間を洗う

5 指一本一本をねじりながら洗う

6 手首を洗う

（筆者作成）

　感染が成立し感染症を発する時、宿主はその病原体に対して感受性があるという。感受性がある者に対して、あらかじめ免疫を与え未然に防ぐことが重要だ。保育士は、「免疫の付与にはワクチン接種により生体に免疫機能を与える方法が有効であること」を保護者に説明し、予防接種の勧奨に務める時代になったといえる。

（2）　衛生管理

　保育所における衛生管理については、児童福祉施設の整備及び運営に関する基準（昭和23年厚生省令第63号）第10条に示されている。保育室、食事（おやつも含まれる）、調乳室、おむつ交換、トイレ、寝具、園庭、プールといった環境に関する点検が必要である。それぞれの視点を図表5-4にまとめた。

　箇所の配慮も必要とされるが、それに加えて、様々な器具等を消毒することも重要で、消毒液の種類や使い方についても理解しなければならない。消毒とは、対象とする病原体が感染症を起こさない程度にまで殺減または減少されることをいう。これには熱による消毒（**図表 5-5**）と消毒薬を使う消毒（**図表 5-6**）がある。消毒薬には大きく分けて、次亜塩素酸ナトリウム系と逆性石鹸系と消毒用アルコール系と3タイプに分けられ適応するものや場所が異なる。図表5-5、5-6に消毒の方法や3種類の消毒の濃度、留意点などをまとめた。

図表 5-4　衛生管理の視点（チェックリスト形式）

保育室	室温は適切か
	湿度は適切か
	換気はできているか
	エアコンや加湿器や除湿器の清掃はできているか
	床や棚や窓やテラスは清掃できているか
	蛇口等水回りや排水溝の掃除はできているか
	歯ブラシの適切な保管はできているか
	タオルや歯ブラシやコップ等個人用として貸し借りがないか
	玩具は消毒や洗浄ができているか
	ドアノブや手すりや照明のスイッチ等は清潔か
食事	給食室は清潔か
	配膳や下膳は衛生的に行えているか
	手洗いはできているか
	テーブルの衛生は保たれているか（布巾雑巾の衛生も含む）
	食後のテーブルや床は清掃できているか
	食器を共用していないか
調乳室	調乳マニュアルの作成しているか、それに基づいて実行しているか
	室内の清掃は行き届いているか
	入室時エプロンの着用及び手洗いはできているか
	調乳器具の消毒と保管は適切か
	ミルクの衛生的な保管と使用開始日の記入できているか
おむつ交換	糞便処理の手順の徹底
	手洗い場所を設定して交換できているか
	食事の場所は避けられたところで実施しているか
	交換後の手洗いの徹底はできているか
	使用後のおむつの衛生管理及び保管場所の消毒はできているか
トイレ	毎日の清掃ができて消毒もできているか
	ドアノブや手すり、照明のスイッチの清潔か
	トイレ使用後の手拭きは、個別タオル若しくはペーパータオルか
	汚物槽の清掃及び消毒はできているか

（筆者作成）

図表 5-5　熱による消毒

煮沸法	沸騰したお湯の中で 15 分以上煮沸する
熱水法	80 度、10 分間の処理で芽胞以外の一般細菌を感染可能な水準以下にする。ノロウイルスを疑う場合は 85 度以上、1 分以上の処理を行う。熱水を付けている間に温度が下がらないよう注意する。

（筆者作成）

　一般に、消毒薬の殺菌力試験は 20℃で行われている。よって、使用する温度が低くなれば殺菌力は落ちるので、冬季は使用する際の温度に関して気を付ける必要がある。ほとんどの消毒液は、消毒液に漬けるもしくは消毒液で拭くという使い方を想定している。よって、汚染されたエプロンにスプレーしたりドアノブをスプレーしたりする方法では十分

図表 5-6　消毒薬を使う消毒（消毒薬の選択の必要知識）

	次亜塩素酸ナトリウム	エタノール	逆性石鹸
商品名	ハイター、ブリーチ、ミルトン等	エタノール、消毒用エタノール等	逆性石鹸
消毒の濃度	塩素濃度6％の薬液が一般的に市販されている。通常60倍－300倍に希釈して使用する。汚れをよく落とした後、薬液に10分程度浸し水洗いする	原液70－80％で使用。希釈しない。	通常100－300倍で希釈して使用
適応対策	便器、ドアノブ、遊具、衣類、嘔吐物や下痢便が付着した場所等	遊具、便器、トイレのドアノブ	トイレのドアノブ、食器、家具等 手指に使用
留意点	有機物汚染状態では無効 漂白作用がある 金属を腐食させる 使用方法を誤ると有毒ガスが発生する	臭気がある ゴム製品、合成樹脂等は変質する 引火性がある 手荒れを引き起こす可能性が高い	一般の石鹸と同時に使うと効果がなくなる 逆性石鹸液は毎日作り替える
有効な病原体	多くの細菌 真菌 ウイルス MRSA	B型肝炎ウイルス 芽胞	結核菌 芽胞 大部分のウイルス

（筆者作成）

な消毒効果が得られないことが多い。原則的に、消毒液は使用時に希釈し毎日交換することも覚えておいてほしい。

第2節 >>> 災害に対する備え

► 1　具体的な避難方法

　日本の国土はプレートがまたがっている性質上、地震等の災害は起きやすいと想定して備えを十分に考えていかなければならない。非常用の備品として用意しておきたいものに、飲用水や食料（3日分程度）・乳児用用品（おんぶひも、おむつ、おしりふき、粉ミルク、哺乳瓶、離乳食等）・バスタオルや着替え・ウエットティッシュやビニール袋・懐中電灯・ホイッスル・非常時の連絡先リストや乳児の名簿・防災マニュアルが挙げられる。

　実際に災害が起きた際は、普及が著しい携帯電話を使用して連絡をとるケースが多い。通信手段が固定電話しかなかった時代に比べると連絡は取りやすくなったとはいえ、災害時直後は回線の混雑でつながりにくいこともある。緊急時には、電話以外の方法でも保護者に連絡できる仕組みを構築しておく必要がある。保育 IT システムの中には、メールの一斉配信機能や保護者向けアプリのプッシュ通知等、連絡の手段を複数用意できるものがある。災害時の備えとして、電話以外の IT 導入を検討することも一案である。

▶ 2　災害訓練

　災害時に備えた訓練も定期的に行っていることが必要であるが、どの時間帯に災害は起こるのか予測できないので、昼間、夕方、午睡中など様々なケースで実施することを経験しておくと心丈夫であろう。災害が起きた時の子どもたちの不安を最小限にとどめられるように日頃から職員間で話し合っていく事が望まれる。

第3節 »»» 病児の保育

▶ 1　病児保育の留意点

　子育て支援の取り組みにおいて病児保育は、特に子育て中の保護者のニーズの高いものとして求められているといえよう。病児・病後児保育事業実施要綱によると、病児保育は図表 5-7 のように 4 種類あるとされている。病児保育は、子育て支援施策の一環として普及しつつある現状であり、保護者にとっても重要な施策であるといえよう。医療的ニーズを必要とする子どもに対して保育士 の立場で「保育看護」を行う上で、さまざまな課題 や問題点を克服し対応できる質の高い保育士の専

図表 5-7　病児保育の 4 種類

病児対応型	児童が病気の「回復期に至らない場合」であり、かつ、当面の症状の急変が認められない場合において、当該児童を病院・診療所・保育所等に付設された専用スペースで一時的に保育する事業
病後児対応型	児童が病気の「回復期」であり、かつ、集団保育が困難な期間において、当該児童を病院・診療所、保育所等に付設された専用スペースで一時的に保育する事業
体調不良児対応型	児童が保育中に微熱を出すなど「体調不良」となった場合において、安心かつ安全な体制を確保することで、保育所における緊急的な対応を図る事業及び保育所に通所する児童に対して保健的な対応等を図る事業
非施設型（訪問型）	集団保育が困難な期間において、当該児童の自宅において一時的に保育する事業

(筆者作成)

門性が求められる。そのため専門性についてきちんと理解、認識されたうえで、今後病児保育の取り組みが社会全体に広がっていく必要がある。

▶ 2　家族との密な連携

　保育士が子どもにとって最も身近な存在である家族に代わりケアをすることで、病気や治る経過の中で子どもが感じる不安やストレスを少しでもなくし、病気であることを忘れさせるような関わりを持てる存在になることが望まれる。

演習問題

　地震が起きた場合、子どもたちの不安やストレスを軽減することを目的にできることを考えてみよう。グループで意見をまとめて発表してみよう。

【引用・参考文献】

厚生労働省　保育所感染症対策ガイドライン

　　https://www.mhlw.go.jp/file/06-Seisakujouhou-11900000-Koyoukintoujidoukateik
　　yoku/0000201596.pdf

谷川友美　「保育・教育者養成機関における感染予防方法（手洗い）を学ぶ教育方法の
　　模索――バームスタンプ法を用いた演習の実態から――」　別府大学短期大学部
　　紀要38号　2018年　pp.53 - 58　　　　　　　　　　　　　（谷川友美）

第6章

6か月未満児の保育

第1節 ≫≫ 6か月未満児の1日

▶ 1 保育所での生活

　生後4週間を新生児期と呼ぶ。母体から離れ、自ら栄養を摂り呼吸をし、外界の環境に適応していくための重要な時期である。

　自らの意志で体を動かすことは難しく、生命を維持していくための原始反射が見られ、一日の多くの時間を眠って過ごす。ヒトの新生児は、養育者の保護を受けなければ一日たりとも生きていくことができない弱い存在である。一方、生後に発達の大きな可能性を秘めた存在でもあり、保育士の役割は極めて大きいといえる。

　一生の中でもやり直しが難しい乳児期、愛情あふれる保育士一人ひとりが常に専門性の向上を図り保育にあたらなければならない。

（1）　産休明け児の保育

　認可保育所の場合、産休明け児の受け入れは産後休業8週間取得後の生後57日目以降とされている場合が多い。

　乳児期の運動機能は頭部から下肢へ中心から末端へと発達する。2～3か月頃になると首が座ってくる。アーウーなどの喃語が増え、追視もできるようになり、声に出して笑うことも増える。しかし生理的欲求はすべて泣いて表現するので、泣きに対する適切な応答が求められる。

　発達段階を押さえて保育することはもちろん、栄養面、衛生面に十分配慮し他者との関わりの心地よさを感知させたい。

(2) ０歳児クラスへの移行

　３か月くらいになると、少しずつ０歳児クラスへの移行を始める。０歳児クラスには、既に１歳を迎え歩き始めている子どももいる。高月齢児、中月齢児、低月齢児と担当制を敷き、個々の生活リズムを大切に月齢による子どもの発達段階を再確認し、保育にあたりたい。

① 授乳

　登園前の授乳時間を確認し、保育所での１回目の授乳時間を決める。１回の授乳量は 120 〜 180ml、１日６回くらいだが、吸う力もつき自ら哺乳量を調整できるようになる。遊び飲みも始まる頃なので、１回の量よりも１日の量を考え授乳するとよい。

② 睡眠

　０歳クラスの高月齢児は午後１回の午睡に落ち着いてくるが、３か月児はやっと昼夜の区別がついてきたころである。夜間に長く眠れるようになってくるので、保育所での午睡は午前、午後、夕方の３回くらいにし生活リズムをつけていきたい。

③ 排泄

　徐々に腸が発達するので大便の回数も少なくなるが、便秘気味のときに注意したい。個人差もあるため、日ごろから便の状態を観察しておく。５か月くらいになり離乳食が始まると、黄色や緑色の便から少しずつ茶色に変化していく。便の性状も変わり、消化器が未熟なため食べた固型物がそのままの形で排出されることもある。

④ 沐浴

　午睡から目覚めたとき、散歩から帰ったときなど、短時間で汗を流してやるとよい。顎から首にかけてのくびれ、首の後ろや脇の下、手首、太もものつけ根、膝の裏など、皮膚の密着している部分に汗をかきやすいので清潔面には十分に注意する。

　沐浴後は白湯などで水分補給をし、脱水症状に気をつける。また体温調節を行う自律神経が未発達なので沐浴後の保温も忘れない。

図表 6-1　原始反射例と姿勢

哺乳反射	探索反射（口唇反射）→捕捉反射→吸啜反射→嚥下反射という4種類の原始反射からなる。
把握反射	手や足に何かが触れると握ろうとして指を曲げる。
WM姿勢	新生児の腕はW字型で足はM字型、手は軽く握っているのが自然な姿勢である。原始反射と呼ばれる。中枢神経機能によって強く支配されているためである。

（筆者作成）

新生児（WM姿勢）。生後16日目

（筆者提供）

目をじっと見て笑顔の生後2か月

（筆者提供）

▶ 2　家庭で生活する乳児

（1）　家庭で育つ乳児

　0歳児数は減少傾向にあるが、保育所等の利用率は増加傾向を示す。0歳児の約85%は家庭で保育されているが、初めての子育てで育児不安にさいなまれる養育者も多い。

　生後間もない新生児でも自分を守ってくれる親の存在を感じている。家庭が違えば子育ても異なるが、意識するしないにかかわらず子どもへの思いが育ちへの大きな影響力を示す。保育所における家庭に対する保護者支援が重要性を増していることが伺える。

（2）　保育所における子育て支援

　保育所保育指針第4章「子育て支援」を確認してみよう。「保育所に

図表 6-2　保育所等利用児の割合

	平成30年4月	平成31年4月
0歳児	149,948人/963,000人（15.6%）	152,780人/942,000人（16.2%）

出典　厚生労働省子ども家庭局保育課（保育所等利用率：当該年齢の保育所等利用児童数÷当該年齢の就学児童数）

おける保護者に対する子育て支援は、すべての子どもの健やかな育ちを実現することができるよう、(中略) 子どもの育ちを家庭と連携して支援していくとともに、保護者及び地域が有する子育てを自ら実践する力の向上に資するよう（後略）」と、保育所の子育て支援の重要性を掲げている。

　多くの場合、家庭における主たる保育者は母親である。午睡時間、就寝時間とも個人差があり、昼夜の区別もついていない新生児は夜間の授乳も３時間おきに必要である。子育てに奮闘している母親の姿が浮かんでくる。父親母親の多くが子どもを「かわいい」「守ってやりたい」と思う一方、「どうやって子育てしていいか分からない」「子育てのために自分を犠牲にしている」といった否定的な感情を持ち、育児不安を抱えていることも否めない。

　母親父親の初めての育児の楽しさや大変さを共感し支援できるのは、育児知識の宝庫である保育所である。子育ての第一義的な責任は父母その他の保護者にあるが、それを支援するのは保育所であり保育士等の専門職員である。

　各地域や家庭の実態を踏まえ、保護者の気持ちを受け止め相互の信頼関係を基に、保育所利用者だけでなく地域に開かれた子育て支援を行うよう努めたい。また地域の関係諸機関との連携・協力も重要である。丁寧な関わりこそが後の成長の基礎を育んでいくといえる。

第2節 »»» 保育士の関わり

► 1　愛着の重要性

　乳児期は他者との基本的信頼関係を築く、生活するための適応力を身につける重要な時期である。「おしりがぬれて気持ち悪いね」「あんよの

びのび」など、子どもの生理的、心理的欲求を満たす養護と教育が一体
となった働きかけをしたい。特定の保育士から適切な養育を受けること
によって情緒的絆が育っていくが、ボウルビィ（Bowlby,John 1907 ～
1990）はこれを愛着と呼んだ。安定した愛着により乳児は人間を信頼し、
人間関係を広げていく。仮に母親との愛着が不安定でも、特定の保育士
との間に愛着を結ぶことができれば、その後の人生においても安定した
人間関係を築けると考えられている。その子の思いをしっかりと受け止
めて保育にあたりたい。

▶ 2　保育所文化と家庭の文化

　新入児の保育所生活スタート前には、数日間程度の慣らし保育期間を
設ける場合が多い。家庭文化と保育所文化、両方の文化の中で生活する
ことになる乳児にとって、段階的に無理なく保育所文化に馴染んでいく
ためのものである。特定の保育士が応答的に関わり、安定した気持ちで
保育所生活を送ることができるように、一人ひとりの生活リズムを大切
にする。また特定の保育士が関わることが保護者に対しても安心感、信
頼感を与えることになる。
　保育所の 1 日の流れに無理に合わせなくても、やがて乳児の睡眠・食
事などの生活リズムは徐々に定まってくる。長時間保育や土曜日・日曜
日などに保育所を利用する子どもも増えているが、長期の休み明けや月
曜日に登園してきたときの体調や機嫌に注意したい。

図表 6-3　ボウルビィ愛着の 4 段階

段階	発生時期	愛着の対象と行動
第一段階	出生～ 12 週	特定の愛着対象はなし。追視・喃語などで話しかけ信号を送る
第二段階	12 週～ 6 か月	特定の一人（多くは母親）に関心を持ち結びつきができてくる
第三段階	6 か月 ～ 2、3 歳	特定の一人（多くは母親）への愛着が強くなる。人見知りが激しくなってくる
第四段階	3 歳ころ	愛着の対象を安全地帯としつつ行動範囲を広げていく

（筆者作成）

第3節 »»» 保育上の注意点

▶ 1 乳児に多い事故と安全管理

(1) 午睡中の事故

　0歳児では、窒息による事故が多数を占める。授乳後にすぐに寝かせたためミルクを戻してのどに詰まらせたり、布団がかぶさり窒息したりすることもある。また1台のベッドに二人の乳児を寝かせたことにより一方の乳児が他方の乳児に覆いかぶさり窒息死した事件も発生している。うつ伏せ寝が原因のひとつと思われる乳幼児突然死症候群（SIDS）にも気をつけたい。午睡中の観察を怠らないことが大切である。

(2) 誤飲

　乳児は自分の手が目の前にあれば、吸ったりなめたりする。やがて口から離れている足もなめるようになる。舌先で物を確かめているためで、それは食べ物以外を口にしなくなる1歳6か月くらいまで続く。なめてもいいように常に身の回りの清潔を心がける。また常日ごろから保育室の整理整頓を心がけ、誤飲には注意したい。

(3) やけど

　誤って熱い飲み物を落としたり、熱いシャワーをかけたりすることによるやけども多く発生している。哺乳瓶の外は適温でも中のミルクは熱いこともあるので注意したい。

　子どものやけどの重症度の判断は「深さ」よりも「広さ」による。広範囲のやけどにより皮膚からの呼吸ができなくなり、ショック症状を起こし、命の危険に関わることもある。

▶ 2 アレルギー疾患への対応

　保育所において対応が求められる乳幼児がかかりやすいアレルギー疾

患には、「食物アレルギー」「アナフィラキシーショック」「気管支喘息」「アトピー性皮膚炎」「アレルギー性鼻炎」「アレルギー性結膜炎」などがある。

　「食物アレルギー」の原因として、卵・牛乳・小麦の割合が高くなっている。また重い症状を引き起こしやすい「特定原材料」として上記3食品の他、そば・落花生・エビ・カニが省令で表示義務の対象となっている。

　「アナフィラキシーショック」は薬剤・食物などアレルギーを起こす物質によって発症する。体質や体調にもよるが、呼吸困難を生じることもあり、短時間で血圧や意識状態の低下がみられ死に至ることもある。

　全職員を含めた共通理解のもとで組織的に対応すること、医師の診断指示に基づき保護者と連携し対応すること、地域の専門的な支援・関係機関との連携の下で対処の充実を図ること、食物アレルギー対応においては安全・安心の確保を優先することが求められる。

▶ 3　家庭との連携

　保育士と家庭との連携は極めて重要である。互いの信頼関係が成り立つことにより質の高い保育が実践できる。

　送迎時の対話、日々の連絡帳、クラスだより、懇談会などを通じて子どもにとって最善の利益は何かを常に考え実践したい。

　特に産休明け児の場合、24時間の生活の様子が記入できる連絡帳を用意する。基本的生活習慣である食事・睡眠・排泄の家庭での様子を把握し、朝の受け入れ時の視診では、子どもだけでなく保護者の様子にも注意したい。保護者の精神状態は子どもにも伝わるものである。

　我々専門職は、保護者が子どもの成長に気づき子育てに喜びを感じられるよう、支援に努めなければならない。

首が座ってきた生後3か月の男児
（筆者提供）

ママに抱っこされた生後2か月半の男児
（筆者提供）

演習問題

1. 保育所における「地域の保護者等に対する子育て支援」には具体的にどのようなものがあるか。自分の住む地域の保育所を調べてみよう。

2. 産休明け児の担任になったつもりで、0歳クラスとは違う保育上の注意点を考えてみよう。

【引用・参考文献】

尾野明美編著『アクティブラーニング対応乳児保育Ⅱ』萌文書林、2019年

厚生労働省『保育所保育指針〈平成29年度告示〉』2017年

咲間まり子編著『乳児保育』大学図書出版、2018年

早川悦子編著『やさしい乳児保育』青鞜社、2015年

林邦雄・谷田貝公昭監修　中野由美子・髙橋弥生編著『保育者養成シリーズ乳児保育』一藝社、2016年

松本園子編著『乳児の生活と保育』ななみ書房、2019年

谷田貝公昭・石橋哲成監修　髙橋弥生・石橋優子編著『コンパクト版保育者養成シリーズ乳児保育』一藝社、2018年

（松本佳子）

第7章

6か月未満児の生活と遊び

第1節 ≫≫≫ 6か月未満児の援助の実際

▶ 1　6か月未満児の生活援助

　生後1年未満を乳児というが、保育所ではおおむね満3歳の子どもをいうことが多い。保育所は、産後8週間を経過した産休明けの乳児から就学前の20名以上を預かる児童福祉施設で、デイリープログラムに沿って生活を共にするのが基本である。しかし6か月未満児は特に一人ひとりの生活リズムを大切にしながら個別に保育していき、徐々に生活リズムを整えていかなければならない。

　母胎内での環境、誕生から今日までの育ちの過程や現在の姿、今後の発達過程やスピードなどに考慮し、その子にあった保育を実践する。一人ひとりへの個別的な配慮が求められるこの時期だからこそ責任をもって保育にあたりたい。

　本章では、6か月未満児の発達の特性や過程を再確認し、乳児・保護者ともに安心して生活ができるよう、専門職としての知識・技術を学んでいこう。

▶ 2　授乳から離乳食へ

　乳汁栄養には、母乳栄養・人工栄養（乳児用調製粉乳）・混合栄養がある。乳児用調製粉乳は厚生労働省の「特別用途食品として表示の許可基準」が定められており、各栄養素の含有量が決まっている。

　母乳は乳児の成長に合わせた成分を持ち、消化が良く、母子のスキンシップに優れるといわれる。しかし2019年厚生労働省から新たな「授乳・離乳の支援ガイド（以下ガイド）」が出され、母乳への過度な期待の見直しが盛り込まれた。さらに乳児用調製粉乳や液体ミルクを選ぶ親の決定も尊重すべきとし、母親に安心感を与える支援が必要とした。

　生後3〜4か月には首が座り、徐々に生活リズムも整ってくる。5か月くらいが離乳食開始の時期といわれるが、見極めのポイントとして、よだれの量が増え大人の食べる様子を興味深く見るようになる、母乳だけでは満足しなくなるなどがある。

　乳歯は生後半年頃から生え始め、2歳頃には20本生えそろう。ただし歯が生えてくる時期や生えてくる順番には個人差があり、1歳くらいまで生えてこない場合もある。歯が生えていなくても舌や歯茎で食物をつぶせるので離乳食を開始してもよい。

　食物アレルギーを心配する親もいるが、新ガイドでは、原因食品の摂取を遅らせることで逆に発症しやすくなる可能性があるとし、卵アレルギー予防のために、離乳食初期から卵黄を与えることを盛り込んでいる。なお卵白は卵黄に慣れてきた離乳中期、7か月ころが目安になる。

▶ 3　排泄・清潔・睡眠の援助

　排泄回数は生後3か月くらいまでは1日15〜20回、排泄量は新生児

図表7-1　新生児と生後3か月の比較

	新生児の姿　例	生後3か月児の姿　例
身長体重	体重 3,000g　身長 50cm	出生時の2倍　6,000g 62cm
睡　眠	昼夜の区別なし・母乳を飲んでは寝るの繰り返し（多相眠）	夜に長く眠り、昼間の覚醒時間が長くなる
	16〜18時間の睡眠	14〜15時間の睡眠
情　緒	快・不快ハッキリ 生理的微笑がみられる	あやされると声を出して笑う。好奇心旺盛
身体的特徴	原始反射（モロー反射・哺乳反射・押出反射など）	首が（4か月で90％の乳児）座る。押出反射が消失したころ離乳食開始

（筆者作成）

なら1回5〜10ml、3か月くらいになると1回15〜30mlである。排泄機能が未熟なため尿・便とも1回の量が少なく回数が多い。自らの意思で排泄できるようになるのは2歳前後である。

　排泄したら早めにおむつを交換し皮膚の清潔を心がける。授乳前後や午睡の後などに確認するとよい。尿や便の刺激で敏感な肌はかぶれることもあるので常に清潔にし、きれいにする気持ちよさを覚えさせる。

　生後間もない新生児の睡眠時間は1日16〜18時間くらいである。月齢が進むにつれ睡眠時間や回数、眠っている時間帯は変わってくる。1日の多くの時間を眠って過ごす乳児のために、清潔で快適な睡眠の場を確保したい。日光やエアコンが直接当たる場所は避け、こまめに掃除する。午睡中はカーテンを少し開け、乳児の様子が観察できるようにする。仰向け寝にし、乳児の顔が見えるようにすることにより窒息・誤飲・けがなどを未然に防止することにもつながる。

　乳児は体温が高く汗をかきやすい。授乳直後や空腹時、眠い時、体調が悪い時を避け沐浴を行う。産休明け児は首を腕で支え寝かせた状態で沐浴させるが、首が座れば上半身を立て、またお座りができるようになれば座らせて洗うことができる。体調管理の点からも毎日同じ時間に沐浴するとよい。湯温は38℃前後にし、湯につかっている時間は5〜10分程度にする。沐浴後は白湯などで水分補給を行う。

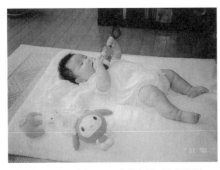

玩具を口に入れ確かめる5か月女児（筆者提供）

玩具の例　タオル人形
（筆者提供）

第2節 »»» 6か月未満児の遊びと保育環境

► 1 運動発達を促す関わり

0か月児は、母乳を与えてくれる母親の顔がぼんやり見えるくらいの視力といわれるが、見つめあい「ミルクおいしいね」「おしり気持ちよくなったね」などと話しかけてやろう。乳児は身近な人の声をしっかり聞き分けているのである。授乳やおむつ替えのときに体をさするなどしてスキンシップを楽しもう。体に触れられることは乳児に大きな安心感を与える。

2か月くらいになると泣くだけでなく、「アー」「ウー」といったクーイングが始まる。同じトーンで返してやるとよい。このやり取りは会話の第一歩、コミュニケーション力の始まりとなる。追視も上手になり、小さなガラガラやおしゃぶりを握れる。肌に優しいタオルなどで玩具を作ってやるとよい。

やがて3か月が過ぎ、喃語が始まる頃には、新生児期に比べ体の動きが活発になり、表情も豊かになってくる。4か月過ぎには寝返りするようになり同時に手足の動きも活発になる。体をねじる運動から寝返りができるようになることもある。上から下へと向かっていた運動機能が背中・腰までに到達したのである。寝返りの獲得により、乳児の世界はさらに広がっていく。

6か月くらいには、興味あるおもちゃに手を伸ばしやり取り遊びを楽しんだりするようになる。「イナイイナイバア」のように大好きな保育士の顔が見えたら喜ぶ。手を使うだけでなく、ハンカチで隠したりおもちゃやぬいぐるみを出してみたりするとよい。

図表 7-2　誤飲の対処法

誤飲物質	水（飲ませる）	牛乳（飲ませる）	吐かせるか否か	医師へ
漂白剤	○	○	吐かせない	2ml 以上
ボタン電池				すぐに医師へ
灯油	×	×	吐かせない	1ml 以上
タバコ				すぐに医師へ
生石灰（乾燥剤）	○	○	吐かせない	10g 以上
ベビーシャンプー	○	○	吐かせる	10ml 以上
せっけん	○	○	吐かせる	10g 以上

（筆者作成）

※体重 10kg の乳幼児の場合
※強酸、強アルカリは、のどや食道粘膜に化学的火傷を与えるので吐かせない。
※石油製品は気管に入りやすい。肺に入ると危険なので吐かせない。
※判断できないときは「中毒 110 番」☎つくば中毒 110 番　029-852-9999
　　　　　　　　　　　　　　　☎大阪中毒 110 番　072-727-2499

▶ 2　安全な環境

　なんでも口に入れ舌先で確かめる乳児の保育室は、整理整頓が基本になる。3〜4か月になると近くのものに手を出したり、口に入れたりする。家庭ではタバコの誤飲が最も多い。コインやボタン電池にも気をつけたい。誤飲チェッカー（またはトイレットペーパーの芯）を通るサイズのものは乳児の周りに置かない。菓子の空き缶に薬を入れない、ペットボトルに洗剤を入れないなど普段からの注意が大切である。

　誤飲以外でも窒息はある。乳幼児突然死症候群の原因のひとつにうつぶせ寝があげられる。ベッドは一人一台で敷布団は堅い素材を使う。睡眠時には仰向け寝にする。寝返りしたときに転落しないよう、ベッドの柵は上げておく。調乳にも注意したい。外側は適温でも中は熱いこともある。温度を確かめてから授乳する。熱めの好きな子、ぬるめの好きな子がいるので、入園前面談で確認しておく。動けるようになったら危険な場所には入れないようにする。段差や階段には特に気をつける。ベランダに踏み台となるようなものを置かない。

第3節 »»» 保育士の関わりと留意点

► 1 保護者との関わりの重要性

保護者が自分の育児に対して、不安感・危機感・焦燥感・無力感などを生じる情動状態を育児不安という。子どもが健全に育ちにくい環境、親として育ちにくい環境、親のネットワークの途絶などがその背景にある。

前章で学んだ「子育て支援」を踏まえ、この章では連携と協働の重要性について学んでいこう。

► 2 保護者との連携

（1） 保護者との連携・支援

朝の受け入れ時に子どもの様子を確認することを朝の視診という。体温測定、顔色や機嫌、異常はないかなどの確認を行う。また服装に関しても気を配る必要がある。

降園時には園での一日の様子を報告する。早出や日勤など勤務状態がローテーション制の場合もあるため、伝達したい内容をしっかり引き継いでおく。

日々の様子を書き記した「連絡帳」は、子どもと一日離れて働いている保護者の楽しみでもある。保育所でできるようになったこと、楽しく生活していることなどを読み手の立場に立って伝えたい。丁寧な連絡帳のやり取り、伝え合いから保護者との信頼関係がより深まっていくものである。

視診や連絡帳では十分に伝えられないこともある。個人面談や保育相談、保護者会などを設けて、子どもの福祉を第一に考えた保育が展開できるようにしたい。

乳児クラスは複数担任制をとっているため、報告連絡相談をこまめに

行う。保育のねらいや目標、方針を共有して保育の質を一定にすること
が重要である。

(2)　多様な保育

　日本では今7人に今1人が貧困家庭にあるといわれている。朝食を
とっていない、汚れた衣服を着ている、保育料を滞納していることなど
から状況を把握し、園内で状況を共有し対応を検討する。場合によって
は、児童相談所や福祉センターなどの専門機関につなぐ。これにより保
育所としての対応機能が高まり、また地域から信頼される保育所づくり
につながる。

　障害児の保育も保育所の重要な役割のひとつである。保育指針第1章
3（2）キでは「障害のある子どもの保育については、一人一人の子ども
の発達過程や障害の状態を把握し、適切な環境の下で、障害のある子ど
もが他の子どもとの生活を通して共に成長できるよう指導計画の中に位
置づけること。（後略）」と明記されている。家庭や関係機関との連携を
密にし、適切な対応を図りたい。保育士には障害に関する理解や専門的
知識が求められる。

　近年、外国人の入所も珍しくない。外国人の保護者の場合、言葉の壁
や異国文化への戸惑いなどから意思疎通が難しい場合も考えられる。相
手の国の譲れない文化や宗教がある場合、それを優先し尊重する姿勢を
持たなくてはならないし、宗教上の制限のある食事については配慮する
必要がある。個別に対応しながら、保育所のルールを守ってもらうよう
寄り添っていく。子どもは遊びを通し社会性を学び日本語を身につけて
いくが、外国人の子どももクラスに馴染めるよう気を配っていきたい。

▶ 3　職員の資質向上

　保育所保育指針第5章に「保育所は、質の高い保育を展開するため、
絶えず、一人一人の職員についての資質向上及び職員全体の専門性の向
上を図るよう努めなければならない。」と「職員の資質向上」が掲げら

れている。

　これは保育所職員に求められる専門性と、職位や職務内容等に応じた組織的な取り組みを指す。

　職場内訓練はもとより職場外訓練の機会も確保されなければならない。施設長は、保育の課題やキャリアパスを見据えた体系的な研修計画を作成し、保育士・看護師・栄養士等の職務内容に応じた専門性を高めるための技術の習得、維持向上に努める。

　多様な保育、職員間の連携、保護者への対応、他機関との協働が重要なことは言うまでもないが、保育士が常に自己研鑽に努めることが明日の保育をつくっていく根底にある。

　乳児・保護者ともに安心して生活ができるよう、専門職としての知識・技術を磨いていきたい。

演習問題

1. 6か月未満児に対する「食事・着脱衣・清潔・排泄・睡眠」の基本的生活習慣確立に向かっての関わり方について考えてみよう。
2. 乳児保育を実施する上で必要な知識・技能についてしっかり学んでいこう。

【引用・参考文献】

厚生労働省『保育所保育指針〈平成29年度告示〉』2017年・2008年

咲間まり子編著『乳児保育』大学図書出版、2018年

寺西恵理子『遊んで学べる知育おもちゃ』成美堂出版、2012年

林邦雄・谷田貝公昭監修　中野由美子・髙橋弥生編著『保育者養成シリーズ乳児保育』一藝社、2016年

待井和江・福岡貞子編『現代の保育学8　乳児保育』ミネルヴァ書房、2015年

松本園子編著『実践家庭支援論』ななみ書房、2019年

谷田貝公昭・石橋哲成監修　髙橋弥生・石橋優子編著『コンパクト版保育者養成シリーズ乳児保育』一藝社、2018年

（松本佳子）

第8章

6か月〜1歳未満児の保育

第1節»» 月齢ごとの発達の特徴と保育

► 1　月齢ごとの発達の特徴と保育

　0歳児クラスの子どもたちは、発育・発達が著しい時期であり、特に6か月を過ぎると、月齢差や個人差が大きくなる。子ども同士を比べるのではなく、その子の発育・発達のペースを見極めることが大切になる。

（1）6〜7か月

　多くの子どもが寝返りをするようになり、お座りを始めるが、まだ不安定なため転倒に備えて環境の安全性に配慮する必要がある。徐々に背中が安定し、お座りができるようになると、両手が自由になり、色々な物をつかんだり口に持っていったりすることができる。この段階では、反応がある玩具を振ったり眺めたりと、集中して一人で遊ぶ時間が延びていく。また、記憶力が発達することで親しい人の顔を認識できるようになり、人見知りが始まる。母体から受け継いだ免疫力が低下するため、急に体調を崩すことが多くなる。さらに、離乳初期は、ゴックンがうまくできない子もいれば、食べることが好きで離乳中期に進む子、離乳食が影響して便秘ぎみになり水分調整を必要とする子など、子どもに応じた対応が求められる時期でもある。この時期は、家族の育児疲れにも注意する必要があるため、家族と情報を共有しながら、子どものペースに合わせて保育を行っていく。

不安定なお座り7か月（筆者提供）

(2) 7〜8か月

この時期は、腰が安定し、お座りが上手にできるようになるため、興味がある玩具に寝返りやずりばいで向かっていく子もいる。手指の動きも発達してくるので、つまむような動作も見られるようになり、口に物を持っていく動作が増える。乳歯は6〜9か月ぐらいで生え始める子が多いが、個人差が大きく、1歳頃に生える子もいる。また、離乳中期に移行し、1日2回食で、食事のリズムをつけていく。自我が芽生え始めて性格も少しずつはっきりし、要求を通すために泣くようになるので、その都度子どもの気持ちと真摯に向き合う関わりを行う。

(3) 8〜9か月

お座りがますます安定し、座ったまま回ったり、はいはいを始める子もいる。脳神経の発達や運動の分化によって左右別々の動きができるようになる。また、物の永続性（視界から消えた対象が存在し続けていると認識する能力）を身につけるので、大人の手の中に隠した玩具を探すなどの遊びも楽しめる。心も育ち、人見知りが激しく、さらに要求を通そうと全身で泣いて訴える場面も出てくる。活動の範囲が広くなり、興味の対象が広がる反面、信頼する人から受ける安心感を得たいという願望も強くなる。そして、好奇心のまま動くので、環境への配慮がより大切となる。

(4) 9〜10か月

上手にはいはいができるようになると運動量が増え、足腰がしっかりしてくる。そして、低めのテーブルなどを利用したつかまり立ちが始まるため、体をたくさん動かす遊びを取り入れるとともに転倒に注意する。

指先の動きが発達し、親指と人差
し指を使って物をつかんだり、紙
を破ったりして遊ぶことができる
ようになる。また、感覚器官や知
能が発達してくると音楽を楽しめ
るようになるので、音に合わせて
体を揺らしたり太鼓をたたいたり
などの音楽遊びを取り入れるとよ
い。興味がある物に対して積極的
になるため、目が離せない時期に
なるが、小物を手の届く場所に置
かないなど危険をあらかじめ排除
して、のびのびと遊び、好奇心や

安定して座り右手で遊ぶ9か月

(筆者提供)

能力を伸ばすような環境設定が必要である。その一方で、発達や愛着か
ら信頼できる人への後追いが激しい時期でもある。その他、言葉の意味
がわかるようになり、バイバイや拍手などのしぐさを真似るようになる。
離乳後期に入ると1日3回食になり大人の生活リズムへと近づく。

(5) 10 〜 11 か月

　つかまり立ちに慣れると、片手を離して伝い歩きや、小さな物をつま
んで穴に入れるなどの動作ができるようになる。玩具を使って「ちょう
だい」「どうぞ」というやり取り遊びを行い、人と人だけではなく物を
介した新しいコミュニケーションを体得できるように働きかける。後追
いがピークを迎えるが、言葉で伝えてその場を離れる動作を繰り返すと、
「待つ」という動作と心の成長を促すことができる。この時期から1歳
半くらいまでの期間で意味のある言葉（初語）が出始める子もいるが、
発語の時期の個人差は大きいため、保護者にも成長のペースは個人で変
わることを伝え、温かく見守るように配慮する。また、離乳食が3回に
定着する頃なので、食べられたことをほめるなど、子どもが食事の楽し

片手を離して伝い歩き11か月

（筆者提供）

さを感じられるように声かけを行うとよい。

（6）11か月〜1歳

体重は出生時の約3倍、身長は1.5倍になり、いわゆる幼児体型が少しスマートになる。この時期はバランス感覚も発達し、はいはいと伝い歩きで自由に動き回ることができ、中には一人で立ったり、歩き始めたりもする発達が早い子どもも出てくる。物の名前を少しずつ覚えて、声かけが子どもの行動につながる場面も多くなるが、自己主張も強くなるので嫌がることも少なくない。無理に言うことを聞かせようとする行為は逆効果となるため、子どもの気持ちを受け止め、うまく気をそらせて誘導するなど、子どもが気分を変えて前向きに臨めるように関わるとのびやかに成長を促すことができる。この時期は、言葉と動作の連携を促す模倣遊びや、絵本に興味を示す子もいるので気持ちに寄り添って読み聞かせを行うとよい。1日3回の離乳食をしっかり食べることができるようになると、食事で栄養の多くをまかなえるようになる。お昼寝が1日1回になる子も増え、生活リズムが整うように配慮する必要がある。

第2節 »»» 保育士の関わり

► 1　愛着（アタッチメント）の発達と保育

ボウルビィ（J.Bowlby 1907 〜 1990）は、愛着を「特定の対象との情緒

的な結びつきを指し、乳幼児が養育者との情緒的な相互作用を通して形成される確固たる絆である」と提唱している。子どもの欲求に対して、特定の養育者が欲求を適切に満たすように働きかけると、愛着を示す具体的な愛着行動が見られるようになる。愛着行動は、泣く、笑うなどして養育者の注意を引こうとする発信行動と、養育者に自ら近づく接近行動、養育者がどこにいるのか確認する定位行動の 3 つに分類できる。

　保育所保育指針では、子どもの発達において特に大切な要因の一つは「人との関わり」とされる。実際の保育現場でも、乳児期の子どもは身近にいる特定の保育士等による愛情豊かで受容的・応答的な関わりを通して、相手との間に愛着関係を形成し、これを拠り所として、人に対する基本的信頼感を培っていく過程をたどる。乳児保育では、できる限り特定の保育士が同じ子どもを受け持ち「人との温かい関わり」によって愛着を育てることが重要となる。

▶2　言葉の発達と保育

　言葉は、親など周りの人との情緒的交流を通して発達するため、養育者や家族構成などの環境的な違いによる個人差が大きい。生まれたばかりの子どもが最初に発する音声は産声である。その後は、不快な状況下における啼泣が主な音声となる。そして、生後 1 か月頃になると、機嫌のよいときに喉の奥を鳴らすようなクーイングがみられる。3 〜 10 か月頃までは、語りかけに反応したり、声をたてて笑ったり、「ダダダ」「バブ」といった喃語が現われる。この喃語の時期は、声遊びの時期ともいわれ、次第に声の高さや強さを調整することや、子どもが意図的に発声して人の注意を引くことも可能になっていく。また、保育士が適切な言葉遣いで子どもの喃語に応じることによって、喃語が促されていく。その後、8 〜 9 か月頃に現れる指差し行動とともに、音声的にも意味的にも比較的安定した原言語の段階に移行する。この時期は、まだ言葉としてのはっきりした発音は見られないが、聞き覚えのある声や言葉に対

し、より積極的に「アーアー」などの言語にとても近い働きを持つ発声が積極的にみられ、10か月になると身振りが現れる。身振りには、例えば「バイバイ」などのコミュニケーションがあり、こうした動作を大人と共有しながら言葉が発達していく。

　この一連の過程を経て、1歳を過ぎる頃、特定の意味と結びついた、「マンマ」「ママ」といった初語が現れるようになり、しばらくは一語でいろいろな意味をもつ言葉として使われる。こうした言葉発達の過程を子どもが踏むにあたっては、保育士に話しかけられる経験が基盤となる。そのため、子どもの世話をする際や遊びの場面では、子どもの発する言葉の意図をくみ取り、積極的に語りかけることが重要である。

第3節 »»» 保育の注意点

► 1　6か月〜1歳未満児に多い健康上の問題

　この時期の子どもは、日々驚くほどのスピードで発育・発達する。昨日できなかったことが、気づいたときにはできるようになっており、それに合わせて子どもを取り巻く環境も変化していく。その反面、発育・発達の途上であり心身ともに脆弱であることも忘れてはならない。保育士は個人差の把握と、適切な見守り、そして安全や清潔に配慮することが望まれる。

（1）乳幼児突然死症候群（SIDS）

　うつぶせ寝はSIDSの発症率が高いことが分かっているため、1歳になるまでは、寝かせる時はあおむけに寝かせる。寝かせ方に配慮することはSIDSの危険を減らすだけでなく、窒息や誤飲、怪我などの事故から守ることにもつながる。その他の予防方法として、適切な見守り（保育所等では定期的な見回り）の実施、柔らかい寝具や枕を使わない、周囲

におもちゃを置かない、子どもを暖めすぎない、受動喫煙をさせないなどの対策が SIDS の予防に役立つ。

(2) 母子移行抗体（免疫）の消失

出生前、胎盤を介して子どもに親の免疫が移行するが、生後4〜6か月の間に消失する。出生後は母乳からも親の免疫を得るので、免疫の消失自体は緩やかだが、確実に消失していく。消失した後は子ども自身の免疫力に頼ることになる。このように、6か月〜1歳未満児は病気に対する抵抗力が発達途上のため、風邪や突発性発疹など思いがけない感染症にかかることがある。低月齢であるほど体調の悪化による身体的負担が大きく、RS ウイルス感染症などでは特に重症化しやすい傾向がある。保育所等では、普段の体調把握と全身状態の観察を行い、保護者と連携しながら医療機関を受診することが望ましい。また、集団保育の場で感染症が蔓延することがないように細心の注意が必要である。

▶ 2　6か月〜1歳未満児に多い事故

(1) 口鼻を覆われる窒息

口鼻を覆われる窒息事故が多く発生している。自由に手足を動かすことができず、寝返りも上手ではない子どもが寝ている場合は、周りに柔らかい物を置かないようにする。また、ベッドの隙間に入り込んだ事故も報告されており、子どもが寝返りをうっても窒息やベッドから落下しない環境を整えることや、細やかな見守りが重要である。

(2) 誤飲・誤嚥

直径39mm以下の小さな物体は特に誤飲の危険性があるため、子どもの手の届く場所に置かないように配慮する。保育士が、子どもの目の高さで目視し、常に子どもの身のまわりを確認することで防ぐことができる。

(3) 転倒・転落

頭が重くバランスをくずしやすいため、つかまり立ちが始まる頃から

転倒事故が増える。転倒・転落が発生した際に、上手に手が出せないため、頭から落ちてしまい致命傷となるケースも報告されている。おむつ替えの時、高い場所で保育をする場合や柵がない場所で保育をする場合や慣れない移動がはじまった段階は、一瞬たりとも目を離すことがないように見守る。

(4) 溺水

10cm程度の水深でも起き上がることができずに溺れる可能性がある。水が気管支に入る場合やお風呂での溺水も考えられる。未然防止に努めることが大切だが、緊急時に備えて応急手当の技術を身につけておくことが推奨される。

演習問題

1. 6か月〜1歳未満児の健康状態や異常を早期発見するための保育士の具体的な関わりについて話し合ってみよう。
2. 6か月〜1歳未満児の保育環境における事故防止策について話し合ってみよう。

【引用・参考文献】

新井邦二郎監修『保育者のたまごのための発達心理学』北樹出版、2017年

入江慶太編著『乳児保育−子ども・家庭・保育者が紡ぐ営み−』教育情報出版、2018年

草川功監修『0〜3歳の成長とともに!Happy!育児オールガイド』新星出版社、2015年

厚生労働省編「保育所保育指針解説平成30年3月」フレーベル館、2018年

原孝成監修『0歳児の指導計画完全サポート』新星出版社、2019年

（福永知久）

第9章

6か月〜1歳未満児の生活と遊び

第1節》》》6か月〜1歳未満児の援助の実際

▶ 1 6か月〜1歳未満児と食事

　生後6か月頃になると、自分の力で移動する手段である「寝返り」を獲得する。その後、はいはい、つかまり立ち、伝い歩き、歩行を獲得していく。このように、6か月〜1歳未満児は、運動面においても、また認識面や、人と関わる力においても著しい発達を遂げる。本章では、この時期の保育内容を生活援助、保育環境、遊びの側面から学んでいく。さらに、保育内容の3つの視点について学んでいく。

　子どもは、食べる経験を通じて摂食機能を獲得していく。離乳は、子どもの発育及び発達の状況に応じて食品の量や種類及び形態を調整しながら進める。

(1) 離乳初期 —— 生後5〜6か月頃

　離乳食を飲み込むこと、その舌触りや味に慣れることが主な目的である。なめらかにすりつぶした状態のものを1日1回与える。母乳又は育児用ミルクは、授乳のリズムに沿って子どもの欲するままに与える。

(2) 離乳食中期 —— 生後7か月頃

　生後7、8か月頃からは舌でつぶせる固さのものを与える。離乳食は1日2回にして生活リズムを確立していく。母乳または育児用ミルクは離乳食の後にそれぞれ与え、離乳食とは別に母乳の場合は子どもの欲するままに、育児用ミルクの場合は1日に3回程度与える。食べさせ方は、

平らな離乳食用のスプーンを下唇にのせ、上唇が閉じるのを待つ。重要なことは、子どもが食事の時間が楽しく心地よいものであると感じられるようにしていくことである。

（3）離乳食後期 ── 生後 9 か月〜 11 か月頃〜

離乳食後期になると、「自分で食べたい」という気持ちがますます育ってくる。また、食べるものと食べないものが出てくる様子が見られる。この時期は「なんでも食べる」ことを急ぐのではなく、「あれが食べたい」「これも食べてみたい」という気持ちを育てることを大切にしていくことが重要である。「食べることが楽しい、うれしい」という気持ちをふくらませることが、次のステップにつながっていく。生後 9 か月頃から、離乳食は 1 日 3 回とし、歯ぐきでつぶせる固さのものを与える。食欲に応じて、離乳食の量を増やし、離乳食の後に母乳または育児用ミルクを与える。離乳食とは別に、母乳の場合は子どもの欲するままに、育児用ミルクの場合は 1 日 2 回程度与える。鉄分の不足には十分配慮する。食べさせ方は、くぼみのある離乳食用のスプーンを下唇にのせ、上唇が閉じるのを待つ。手づかみ食べは、生後 9 か月頃から始まる。食べ物を目で確かめて、手指でつかんで、口まで運び口に入れるという目と手と口の協調運動であり、摂食機能の発達の上でとても重要なことである。子どもが手づかみをしやすいように形態を工夫し、汚れてもいい環境にして、食べる意欲を尊重していく。

▶ 2 6か月〜 1歳未満児と清潔

（1）口腔内の清潔

乳歯は、生後 6 〜 8 か月頃、前歯の下の歯から生えはじめ、1 歳前後で乳歯は合計 8 本程度生える。個人差もあるが 2 歳半〜 3 歳頃には 20 本の乳歯列が完成する。

口腔内を清潔に保つことが、う歯や感染予防のためにも必要であるが、この時期は、歯ブラシの感触になれることや、口の中を清潔にすること

の心地よさを感じることを大切にしていく。乳歯が生え始める 6、7 か月頃から、安全な樹脂製の歯ブラシを指しゃぶりの要領で噛んで遊ばせながら、歯ブラシの感触に慣らしていくとよい。のどを突かないように、のど突き防止対策を施した歯ブラシを用いることが大切である。また、乳歯が生えたばかりの時期に歯ブラシで強く磨くと、痛みが伴うことにより歯磨き嫌いになる可能性があるため、無理に歯ブラシによる歯磨きをしない。口腔内の清潔の方法としては、白湯などを飲ませることで、口腔内の食物残渣を除去し口腔ケアを効率よく行うことができる。また口腔内を潤すことで、口腔粘膜が傷つくのを防ぐことができる。仕上げ磨きを行う際は、子どもの頭部を安定させ、口腔内が見やすい体勢を工夫する。

(2) 手指の清潔

　生後数か月を過ぎると母体免疫が下がり自己免疫に切り替わってくる。また、乳児は手で物をつかみ、口唇や舌で感触を確かめるようになってくる。過度の殺菌は自己免疫の形成を阻害することとなるため必要ないが、食事前は必ず手を拭き清潔に保つ必要がある。

(3) 全身の清潔

　沐浴は、お座りができるようになったら座位で行う。感染症に罹りやすいため、陰部等は気を付けて洗うようにする。清潔の心地よさ、生活のメリハリ、人との関わりの心地よさを感じる意味でも重要である。つかまり立ちができるようになったら、つかまり立ちにしながらシャワーを使う。

(4) おむつ・寝衣交換

　寝返りができるようになると、おむつ交換時も動きが活発となる。衣服を上下別々のものにすると時間をかけずにスムーズにいく。また、あまりに動く場合は、体をさすってあげたり、歌を歌ったり、子どもの手におもちゃなどを持たせてあげると、子どもはおむつ交換の時間を心地よく過ごすことができる。また、この時期は消化液の分泌も多くなり、

よだれが頻繁に出るようになる。あごや胸辺りの肌が荒れないようにこまめにふき、ぬれたままの「よだれかけ」をそのままにせずきれいなものに交換する。子どもが、きれいにする心地よさを感じられるようにすることが大切である。9〜11か月頃には、言葉と、物事のつながりができ始めてくるため、「おむつを取りましょうね」、「おしりあげましょうか」など次の行動について声をかけて促すことで、子どもも予測して協力することができる。

第2節 ≫≫ 6か月〜1歳未満児の遊びと保育環境

▶ 1　6か月〜1歳未満児の発達と保育環境

(1) 6〜8か月頃の発達と保育環境

　6〜8か月頃は、寝返り、グライダーポーズ、ピボットターンなど自分で動くことをくり返し楽しむ。また、腕を使ったはいはいから、腰が上がったはいはいも見られるようになり、自ら興味がある物に近づいていけるようになる。この時期は、子どもが楽しんで動き回れるように、なるべくフロアを開放する。また、立ててもなかなか座れなかったり、はいはいで前に進めず泣き出してしまうこともあるため、乳児の状況により、見守ったり援助したりする。お座りもできるようになることで、自由になった両手で物をしっかりと持ち、おもちゃを一方の手からもう一方の手に持ち替えることもできるようになる。ほしい物に自分から手を伸ばししっかりとつかみ、唇と舌を使って、その感触を味わいながら物との対話をし始める。子どもが「おもしろそう」「さわってみたい」などと思えるような環境を工夫していくこともが大切である。

(2) 9〜11か月頃の発達と保育環境

　9〜11か月頃は、おすわりもはいはいもしっかりしてきて、行動範

囲も広がってくる。はいはいで障害物を乗り越え、階段を登ることを楽しみ、うしろ向きのまま降りることもできる。つかまり立ちもできるようになり視界もぐっと広がる。また、棚の上の段にある玩具に手を伸ばすなど、探索活動も活発になる。一方でバランスが不安定なため転倒などによる怪我が増えてくる。安全への配慮がより一層必要となってくる。また、親指を使ってしっかり物をつかめるようになり、探求心がより一層旺盛になってくる。積み木を打ち合わせたり、コップにチェーンを入れたり出したりする姿も見られる。子どもが物との関わりに集中しているときは、誰にも邪魔されず一人遊びをじっくりできる空間を確保することも大切である。6 〜 11 か月頃の発達に合わせた保育環境・玩具の一例を図表9-1 に示す。

図表9-1　6 〜 11 か月頃の発達に合わせた保育環境・玩具の一例

	保育環境・玩具の一例	子どもの姿の一例
6〜8 か月頃	クッション	はいはいで乗り越えて遊ぶ姿がみられる
	ボール	追いかけたりして遊ぶ姿がみられる
	引っ張ったり、つかめたりできるような玩具	壁面や床に設置したり、天井から吊ったりしておくと、手を伸ばし、手指を使って、モノとかかわる姿がみられる
	振ると音のなる玩具、木の香りを活かした玩具、さまざまな手触りの玩具	五感を使いながらモノとかかわる姿がみられる
	鏡	覗き込み、鏡を通して自分の姿や環境を見ている姿がみられる
9〜11 か月頃	トンネルや、ゆるい傾斜のスロープ	坂を上ったり下りたりすることを楽しむ姿がみられる
	棚、手すり、テーブルなど	お座りからつかまり立ちをして高さの違いを楽しむ姿がみられる
	手押し車、クッション、積み木	支えにして、押しながら歩く姿がみられる
	色水やビーズをいれたペットボトル、布やチェーンを引っ張り出す玩具、スナップや、マジックテープ等で外したりつけたりする玩具	振ったり、引っ張り出したり、外したりつけたり等、手指を使って、モノとかかわる姿がみられる

（筆者作成）

▶ 2 6か月〜1歳未満児の発達と遊び

　6〜8か月頃は、要求がはっきりとしてきて、欲しい物があると手を伸ばし、手差しや指さしをして、傍にいる大人の顔を見て声を出し、「ほしい」という気持ちや要求を強く訴えるようになってくる。また、「バイバイ」など言葉をかけると、手や頭を振って動作で返すなど、言葉と動作が結びついてくる。さらに、叱られることがわかるなど、相手の意図を感じとるようになってくる。

　9〜10か月頃になると、言葉と物事がつながりはじめる。要求を表す言葉を発したり、指さしで訴えたりなど、身ぶりを交えたコミュニケーションが盛んになる。また、相手と第3者（相手と自分以外の物や人）を共有することができるようになってくる（共同注意）。「マンマ（たべもの）」など一語文が出たり「ごちそうさまでした」と大人が言うと「た！」と大人の言葉をまねたりする子どももみられてくる。この時期は、大人の働きかけに対して子どもが返してきたことを大切にして、子どもの表現に丁寧に返していく相互的なやり取りをする遊びが大切である。イナイイナイバアや、心地よい声やリズムがあるわらべ歌など楽しむ姿が見られる。また、この時期は、体幹もしっかりしてくるため、子どもの脇を抱えて身体を左右にゆっくり揺らしたり、保育士の膝の上に子どもをのせて優しく上下に揺らすなどのふれあい遊びを楽しむ姿が見られる。この際、強さに十分配慮して揺さぶり症候群を起こさないような注意が必要である。

第3節 ≫≫ 0歳児の保育内容の捉え方

▶ 1 養護と教育は一体に展開される

　保育所保育指針では、子どもの生命の保持及び情緒の安定を図るため

に保育士等が行う援助（養護）が示されている。また、子どもが健やか
に成長し、その活動がより豊かに展開されるための発達の援助（教育）
として、「健やかに伸び伸びと育つ」「身近な人と気持ちが通じ合う」
「身近なものと関わり感性が育つ」という「3つの視点」が示されてい
る。乳児は、探索活動を通して、周囲を理解し、同じく主体としての自
分自身を理解していく。つまり、人やモノなどの環境との関わりを通し
て、生きる力である心情・意欲・態度を身につけていく。また、この学
びの根底には、身体的な生理的な欲求を満たされ、主体的な存在として
受け止められているということが大切である。例えば、空腹で食欲とい
う欲求が満たされなかった状況において、乳児は探索活動を行うことは
難しいだろう。同じく、周囲の大人が、乳児を未熟な存在として捉え、
何から何まですべてを整えてしまっては、乳児の環境との関わりは制限
され、学ぶ機会が奪われてしまうことにもつながるだろう。このように
考えると、教育は養護の上に成り立っているといえる。つまり、養護と
教育は切り離せず一体となっているのである。

▶ 2　一体的に育まれる3つの視点

「健やかに伸び伸びと育つ」「身近な人と気持ちが通じ合う」「身近な
ものと関わり感性が育つ」という「3つの視点」がどのように育まれて
いくのかについて、事例を通して説明していく。

事例　A児（7か月）トンネル遊び

　A児は、室内固定遊具のトンネル部分を何周もはいはいで進ん
でいる。何周かすると、トンネル部分からそばにいる保育士の顔を
覗いて笑顔を見せる。保育士は「Aちゃん、いた！」と笑顔で声
をかける。A児はまた笑顔になり、トンネル部分を通るたびに、保
育士の顔を覗いては保育士が声をかけるのを待つことを続けている。

　A児は、室内固定遊具に関心を持ち（「身近なものと関わり感性が育つ」）、何度もトンネルをはいはいで通り十分に体を動かし（「健やかに伸び伸びと育つ」）、保育士とのやり取りを楽しんでいる（「身近な人と気持ちが通じ合う」）。つまり、トンネル遊びの中で、「健やかに伸び伸びと育つ」「身近な人と気持ちが通じ合う」「身近なものと関わり感性が育つ」という「3つの視点」が総合的に育まれているのである。「3つの視点」はそれぞれ切り離せるものではなく、相互に関連をもち、重なりながら一体的に展開されているのである。

演習問題

　6〜8か月の子どもの発達、9〜11か月の子どもの発達をまとめ、発達を促す手作りおもちゃを考えてみよう。

【引用・参考文献】

浅野みどり『根拠と事故防止からみた小児看護技術〔第2版〕』医学書院、2016年

園と家庭を結ぶ「げんき」編集部編集『乳児の発達と保育－遊びと育児』エイデル研究所、2011年

「授乳・離乳の支援ガイド」改定に関する研究会『授乳・離乳の支援ガイド』厚生労働省、2019年 https://www.mhlw.go.jp/content/11908000/000496257.pdf（2019.10.3最終アクセス）

香美祥二編集『シンプル小児科学』南江堂、2016年

厚生労働省『保育所保育指針』フレーベル館、2017年

厚生労働省『保育所保育指針解説書』フレーベル館、2018年

汐見稔幸・小西行郎・榊原洋一編著『乳児保育の基本』フレーベル館、2007年

（八代陽子）

第**10**章

1 歳児の保育

第1節 »»» 1 歳児の 1 日

▶ 1 デイリープログラム

デイリープログラムとは、子どもが園で過ごす 1 日の活動の流れを大まかに示したもので、多くの園では年齢ごとに時系列の日課表を作成し、保育に当たっている。

1 歳児は、一人ひとりの発達の個人差が大きい時期であるため、子どもをよく観察し、日々成長する子どもの状況を保護者と十分に共有しながら活動を進めていくことが大切である。また、個々の子どもの生活リズムを集団の中で作っていく上で、保育所保育指針に記されている以下の項目についてよく踏まえておくようにする。

エ　一日の生活リズムや在園時間が異なる子どもが共に過ごすことを踏まえ、活動と休息、緊張感と解放感等の調和を図るよう配慮すること。

オ　午睡は生活のリズムを構成する重要な要素であり、安心して眠ることのできる安全な睡眠環境を確保するとともに、在園時間が異なることや、睡眠時間は子どもの発達の状況や個人によって差があることから、一律とならないよう配慮すること。

カ　長時間にわたる保育については、子どもの発達過程、生活のリズム及び心身の状態に十分配慮して、保育の内容や方法、職員の協力体制、家庭との連携などを指導計画に位置付けること。

（第 1 章　総則　3　保育の計画及び評価　（2）指導計画の作成）

　1歳児はその発達上、基本的生活習慣の基盤を形成していく大切な時期であるが、生活のリズムにはまだゆらぎが見られる。子ども一人ひとりの育ちを保障するためには、その子どもの1日、すなわち24時間の中にあって、今、その活動をする意味をよく考え、必要があればプログラムの時間や流れを柔軟に変化させていく姿勢で保育に臨みたい。

▶ 2　1歳児クラスの特徴

　1歳児クラスとは、いわゆる同年齢集団としての「横割り」のクラスで、子どもによっては最大で約12か月という月齢の開きがある。そのため、1歳児クラスでは、遊ぶときに歩き回る子どももいれば、はいはいや伝い歩きで移動する子どももいる、二語文で話す子どももいれば、ようやく初語が出たばかりの子どももいる、午睡が1回の子どももいれば、午前と午後に2回眠る子どももいる、という状況である。また、子どもの姿勢や発達の違いだけでなく、朝起きる時間や夜眠る時間の違い、在園時間の長短の違いなど、生活リズムが異なる子どももいる。その上、1歳児クラスには、0歳児クラスから在園し、ある程度園生活に慣れている子どもと、新年度になって初めて入園し園生活に不慣れな子どもがいる。

　このような状況から、1歳児クラスでは、ある子どもの一日の活動の流れを元にパターン化して全員に当てはめようとすると、一部の子どもには無理が生じるであろうことがわかる。一人ひとりの子どもが自分のペースを大切にしてゆったりと楽しく過ごし、伸び伸びと成長していくためには、子どもの実態に合わせたプログラムの工夫が必要であることがわかる。

　そこで、実際よく行われている方法に、少人数のグループ保育がある。全体の子どもを、発達の状況や生活時間に共通項がある子どもの小さなグループ（4〜6人程度）に分け、毎日なるべく同じ保育士が同じ子どもと一緒に過ごす「ゆるやかな担当制」の中で、子どものニーズを満たし

ながら、きめ細やかに対応することができる保育である。日々、生活と
遊びを通じて自分の世界を広げ、人との関わりの範囲を広げていこうと
する１歳児のこの時期に、子どもが保護者に代わる安全基地としての保
育士への基本的信頼感をしっかり構築していくことが大切である。

　グループ構成の視点としては、在園児と新入園児、高月齢児と低月齢
児、午睡の回数が１回の子どもと２回の子ども、登園時間及び食事時間
の早い子どもと遅い子ども等があり、これらを元に分ける事例や、子ど
もの状況を総合的に考慮してグルーピングする事例などがある。成長の
節目で、必要な睡眠時間や、遊びから食事に移行するタイミングなどを
見直したり、グループの規模やメンバーを再構成したりしながら保育に
当たっていくようにする。

▶３　1歳児の1日

　「１歳児のデイリープログラム」の事例（**図表 10 － 1**）に示すように、
１歳児の子どもの１日は、朝の登園から夕方もしくは夜の降園までの時
間を、主に食事、睡眠、排泄などの生活と戸外及び室内での遊びを中心
に構成され、子どもの自然な欲求から生じる活動の流れに従って、基本
的生活習慣の形成と自由な探索遊びを大切にしながら過ごしている。特
に午前中の１～２時間は、戸外の空気に触れ、思い切り体を使って遊ぶ
活動を取り入れると情緒が安定し、生活のリズムも整ってくる。園外へ
散歩に行き、自然や動物など色々なものに触れ、地域の人に出会って挨
拶することもよい刺激や経験となる。雨天時にはホールなどの広い部屋
で、トンネル遊びや箱車をこぐ遊び、リズム遊びや簡単な体操などをす
るとよい。早朝や午睡後、夕方以降の室内遊びでは、室内を自由に探索
する遊びや、コーナー遊びとしてままごとや手指を動かすブロック遊び、
紐通しや木製パズル、汽車や車などの玩具を設置したり、合間に絵本を
見たり、歌を歌ったり、手遊びをしたりして過ごしている。

図表10-1　1歳児のデイリープログラム（事例）

時間	1歳児の活動	保育者の動き
7：00	－開園－ （合同保育：0・1・2歳児） 順次登園する	・活動準備、子ども受け入れ、健康観察（検温） ・保護者とのやりとり（子どもの情報共有等） ・本日の活動の準備
8：30	自分の部屋へ移動する 遊ぶ	・各クラスへ子どもと一緒に移動する ・遊びの見守り（主に室内遊び）、片付け、おむつ替え（排泄援助）
9：00	おやつを食べる	・おやつ準備、援助と見守り、片付け ・手遊び、歌遊び、絵本の読み聞かせ
9：30	遊ぶ	・体を動かす遊び（散歩、外遊び、ホールでの遊び）と見守り ・玩具等の片付け
11：00	昼食を取る	・食事準備、食事の援助と見守り、片付け（エプロン、食器） ・着替えの援助、おむつ替え（排泄援助） ・絵本の読み聞かせ
12：00	眠る	・睡眠時の姿勢・呼吸チェック、連絡帳記入（職員会議や清掃、玩具の消毒、活動準備、食事、休憩等）
14：30	目覚める	・おむつ替え（排泄援助）
15：00	おやつを食べる	・おやつ準備、援助と見守り、片付け
15：30	遊ぶ	・遊びの見守り（主に室内・テラス遊び）
16：00	順次降園する	・保護者とのやりとり（日中の子どもの様子の共有、連絡事項等）
	遊ぶ	・遊びの見守り（主に室内遊び）
17：00	部屋を移動して遊ぶ （合同保育：0・1・2歳児）	・各クラスから合同保育の部屋へ移動する ・遊びの見守り（室内遊び）、子どもの情報を記録（担当者へ申し送り）
18：00	間食を取る 部屋を移動して遊ぶ	・おやつ準備、援助と見守り、片付け（食器等） ・遊びの見守り、幼児クラスへ移動する
19：00	－閉園－	・片付け、明日の準備
備考	○睡眠：低月齢児は、午前1回、午後1回の合計2回、睡眠を取ることがある。前日の睡眠が足りない場合や、疲れているときは、子どもの状況に応じて柔軟に対応する。眠れないときは無理強いせず静かに過ごす。 ○排泄：おむつ替えは活動の前後に適宜行う。2歳前後になると、尿意や便意を自分で伝え、トイレに座って排泄する子どもも出てくるため、個別にタイミングを見計らいトイレに連れて行く。 ○食事、おやつ、間食：食べる前には手を洗い、食べた後にはおしぼりで手や顔を拭く。水分補給は季節や子どもの状況に応じて適宜行う。食後すぐは静かに過ごす。 ○遊び：午前中は屋外で体を十分に動かし、夕方は室内で静かに過ごす。6月末〜8月末頃は水遊びをするので、子どもに発熱や発疹等の体調不良がないか注意して観察する。 ○清潔：屋外遊び等を終えて室内へ戻る際、必要に応じて手足や体の汚れをシャワーで落とす。 ○その他：園により、異年齢児同士が一緒に活動する縦割り保育を行っているところもある。	

（筆者作成）

温もり感じられる布製の現具（学生の作成）

（筆者提供）

第2節 ≫≫ 1歳児の心の発達と保育士の関わり

► 1　1歳児の心の発達

　子どもが生まれながらに持つ、快、興奮、不快から派生した感情は、生後半年には喜び、悲しみ、嫌悪、驚き、怒り、恐れなどの基本的感情となる。9か月頃には物を介し信頼できる大人とのやりとりが見られるようになり、1歳前には人の動作を模倣できるようになって、次第に見立て遊びや物のやりとりを中心としたごっこ遊びを喜んで行うようになる。1歳半を過ぎると人から見られる自分の姿を意識するようになり、自己意識を獲得すると共に、照れ、共感、嫉妬、羨望の感情が生じる。2歳半を過ぎると、誇り、恥、罪の感情が獲得されるようになる。このように、1歳児は物を介して大人や他児とやりとりする中で、周囲の人の姿を捉えながら、自分の姿や自分の思いを認識するようになる。

　また、1歳児は、生活や遊びの中で何でも自分でやりたい気持ちが強くなる。周囲にある様々な物に興味を持ち、自分の手で触れ五感で確かめてみたい欲求が生まれ、それに従って探索活動を活発に行うようになる。そして、何か自分の思い通りに行かないようなことが起こると、感

情を爆発させて怒ったり泣いたりするが、それはその感情を引き起こした原因を自分で認識しているからであり、その感情を自分で回復させようとして周囲の人や物に働きかけるようになるのである。

► 2　1歳児の遊びと保育士の関わり

　たとえば、1歳児の遊びの中では、子ども同士の玩具の取り合いがよく見られるようになるが、自分が持っていた物を他児が取ろうとしたときには大きな声を出し、相手を見て指さしながら怒るようになる。そして、そのように表現することで、傍にいる保育士や他児に自分の気持ちや状況に気付いてもらい、何らかの援助を得ようとするのである。

　このようないざこざが起きた場合には、保育士が介入し、「このおもちゃは誰が使っていたかな？」などと、物を取ろうとした子どもにその物の所有の認識を促していくようにする。そうすると、気付いていた場合には、持ち主の子どもを指さして名前を言い、神妙な表情で掴んでいた手を離し、物を所有者に戻すことができる。相手の子どもが気付いていなかった場合は、「おもちゃを取られた○○ちゃんは、びっくりしたと思うよ。今、どんなお顔をしているかな？」などと話すと、ハッとした表情で相手を見て、気付きが促される。1歳児は、その玩具を誰が、今又は先に使っていたかということに興味を持っているので、それを大切にした対応をしていくことで物の所有について認識できるようになる。そうした経験を何度も重ね、共有する物を使って皆が気持ちよく遊ぶ方法を理解できるようになると、問題が起きても子ども同士で泣いている子どもを慰めたり、代替物を渡して解決しようとしたりするようになる。

　上の事例のように、1歳児においては、子どもの不快を取り除くための直接的な問題解決の方法が重要であり、これまで行ってきた注意そらしや気晴らしなどで解決しようとしても、子どもの気持ちは収まらない。保育士は、子どもがよりよい関係性の中で遊べるように、子どもの間で起こっている問題についてはその経過と状況をよく観察し、双方の子ど

もの思いをそれぞれ代弁しながら仲裁する必要がある。

　また、次第に感情が分化し、複雑な思いも抱くようになる 1 歳児クラスの後期には、その子どものその行動はどのような感情から来ているのかという心の動きをよく見ていくようにする。

第3節»»» 1 歳児保育の注意点

　1 歳児の心身の発達と 1 日の生活から、保育では以下の注意を要する。特に歩行が安定するまでは、転倒や怪我に十分配慮する。

・スケジュールや活動の時間に幅を持たせ、ゆったりとした生活を心がけながら、職員が連携して保育に当たる。

・なるべく毎日戸外に出て、子どもが体を十分に動かせるようにする。

・子どもがなるべく自由に遊べる安全な環境を整える。誤飲誤嚥に繋がる小さな玩具や危険な物は子どもの手の届かない所に片付ける。

・子どもの目線で保育室の環境を整え、適切な家具の配置や動線の確保に努める。

・子どもが自分でやりたい気持ちを尊重し、手出ししすぎず見守り、何事も無理強いしない。興味を持たせるために、楽しんでいる他児の様子を見せる、関心のある物や事を取り入れるなどの工夫をする。

・遊びの中でのつもりや見立てなど、子どもの表現を理解して温かく受け止め、言葉や表情で共感しながら想像の世界を一緒に楽しむ。

・保護者が子育てを楽しめるように、子どもの様子を具体的に伝えながら育児相談にも乗り、情報共有や心の触れ合いを大切にする。

・子どもの心を育てるために、生活の中での一つひとつの出来事を大切に捉え、物を丁寧に扱う。

演習問題

　入眠時に不安のある子どもが、自分の気持ちを落ち着かせることができる愛着のあるぬいぐるみを園に持参した。そのことについて、あなたは保育士としてどのように考えるだろうか。

【引用・参考文献】

遠藤利彦・佐久間路子・徳田治子・野田淳子『乳幼児のこころ』有斐閣アルマ、2013年

加藤繁美・神田英雄監修、服部敬子編著『子どもとつくる1歳児保育』ひとなる書房、
　　2013年

厚生労働省『保育所保育指針』2017年

汐見稔幸・小西行郎・榊原洋一編著『乳児保育の基本』フレーベル館、2011年

（小林祥子）

第11章

1歳児の生活と遊び

第1節 »»» 1歳児の生活習慣と保育士の援助

▶1　1歳児の生活習慣

　1歳を過ぎると、朝昼夜3回の食事や、夜間のまとまった睡眠と数時間の午睡を中心に、生活のリズムが安定することにより、日中じっくりと遊びに取り組むことができるようになる。クラスで一斉に活動することも可能となるが、子どもが主体的に活動するためには、一人ひとりが食べたい時に食べ、眠い時に眠るという、個々の生理的欲求が満たされる保育を展開することが大切である。保育士はゆるやかな担当制によって、月齢や育ち、生活のリズムが似た少人数の子どもをグループで見ていき、時間的余裕と活動の幅がある保育を行うなどの工夫が必要である。生活のリズムが整うと、子ども自身で活動の見通しを立て、期待をもって次の活動へ移ることができる。心身共に安定することで、遊びへの意欲を高めていくのである。ここでは、1歳児が具体的な生活習慣をどのように身に付けていくのか、その際、保育士はどのようなことに気をつけて援助すればよいのか考えていく。

▶2　自分で食べる楽しさと清潔の習慣

　離乳食は完了期を迎え、歯茎でつぶせる固さの物が食べられるようになり、徐々に幼児食へと移行していく。これまでの離乳食での経験から、なじみのある素材の味を覚え、食べることが楽しみになるので、保育者

はゆったりとした楽しい雰囲気の中で食事を進める工夫をしていく。昼食では主菜、副菜、汁物、デザートなど形態により異なる味わいをじっくり楽しみ、間食では昼食との違いに楽しさを覚える。自園調理の場合は調理の場面を見せるなどして、喜んで食事に関わる気持ちを育てる。

　子どもの自分で食べたいという思いは手掴みに表れ、次第にスプーンやフォークを持ち、最初はこぼしながらも一人で食べられるようになる。保育士は子どもの意欲を尊重し、自分で道具を使って食べられるよう援助する。保育士が食べる順番を決めて与えることはせず、子どもが食べたいものを指さしたらそれを手伝うなど、子どもの主体性を引き出す。スプーンは手のひらが見えるように持たせ、コップは持ち手を掴みゆっくり口元に近づけるなど、道具の使い方に慣れるようにする。食事の好みや食欲に偏りが出やすい時期なので、子どもが食べられるものから食べ、残したものを試すよう促しても決して無理強いはしない。食事中は快の気持ちを伴う言葉をかけ、一緒においしそうに食べ、モグモグと口を動かし嚙むことを促して子どもを見守り、ある程度時間を決めて終了とする。誤飲や誤嚥には十分に注意し、食事の終わりには、口の中に食物が残っていないかよく確認する。

　食事の場面は、清潔の習慣をつけるよい機会である。食前の手洗い、口の周りや手の汚れを拭くことを通して、体をきれいにすると気持ちがよいという感覚を身に付ける。手洗いは、立位が安定する頃には水道前に足台を置き、そこに上がって手を伸ばし、流水で洗う気持ちよさ、石けんのぬるぬる、泡のふわふわした感触、花のような香りなど、保育者と一緒にその感覚を楽しむようにする。また、手洗い時は、袖をまくる、台に乗る、水道をひねって両手を出す、手を濡らし石けんを持つ、手のひら・甲・指の間・手首をこする、洗い流し水をきる、タオルで拭く、袖をおろす等々、体や手指を使った多くの動作が含まれる。保育士が優しく落ち着いた声でゆったりと対応することで、子どもは様々な動きを覚え、気持ちよさと共に自己肯定感を持つことができる。

▶ 3 排泄の自立

　身体機能の発達と共に、膀胱に尿をためられるようになり、排尿の回数は減少する。個々の子どもの排尿間隔を知り、おむつが濡れていないときにタイミングよくおまるやトイレに誘い便器に座れるようにする。うまく排尿できたらほめ、一緒に喜ぶことを繰り返して習慣づける。排尿間隔が2時間程度になればパンツを履かせてみるとよい。また、子どもが部屋の隅で佇む、腰をかがめてじっとするなど、活動中に排便を示す行動をしていないか観察し、排便や排尿を教えたら十分にほめる。おむつが汚れたら「きれいにしようね」と優しく言葉をかけて取り替え、心地よさを感じられるようにする。子どもが遊びや食事に集中できるよう、排泄は活動の前後に促すとよい。トイレトレーニングの準備期として、子どもがトイレに行くことを嫌がらないよう、保育士が焦らずゆったりとした気持ちで接し、一人ひとりのペースを尊重しながら、子どもが自分からやってみようと思える方法で誘い、トイレに慣れるようにする。

▶ 4 休息としての午睡

　午前中しっかりと体を使って遊ぶと、昼食後には自然と眠くなり、適切な休息として午睡をする。入眠時は静かな環境で眠れるようにする。午睡の時間は子どもによって個人差があるので、無理矢理寝かせたり起こしたりせず、一人ひとりに適した接し方をしていく。睡眠時、うつぶせ寝になれば仰向けにし、呼吸チェックは5〜10分おき（1歳児の場合）に1回行う。睡眠中は汗を沢山かくので、起きたら着替え、さっぱりとした気持ちで次の活動へと向かえるようにする。

▶ 5 着脱、その他

　外遊びで汚れ汗をかいた時や、昼食後や午睡後など、子どもが清潔な衣服で心地よく過ごせるように着替えを行う。子どもはズボンに足を通

し、シャツの襟首や袖から頭や腕を出すことに興味を持ち自分でやろうとするので、保育士は着替え用のマットを敷いてコーナーを作り、子どもがゆったりと楽しく着替えられるようにし、履きやすいようにズボンを置く、シャツをかぶせるなど、必要に応じ部分的に着脱を手伝う。遊ぶときの動きやすい服装、寝るときのゆったりとしたパジャマ、食べるときのエプロンやスモック、外遊びをするときの帽子や外靴など、子どもが楽しみながら衣服等を選び、自分で着替えるように誘う。活動に合わせ着替える理由も簡単に話し、子どもがそのときの感覚と行為、言葉を一致させながら着替えの習慣を身に付けていけるようにする。

　母体からの免疫が切れ、感染症の罹患が多くなる時期なので、感染症の予防を心がける。室内外の温度や湿度に留意し、子どもの状態に応じて衣服を調節し、日頃から発熱、機嫌、食欲、元気かどうかなど全身の観察を行うようにする。各家庭により生活環境が異なり、子どもの体験も様々なので、保護者とは互いに情報を共有しながら子どもの姿を捉えていく。

第2節 »»» 1歳児の遊びと保育環境

► 1 運動機能の発達と遊び

　1歳児は運動機能の発達がめざましく、なかでも歩行の確立は子ども自らが環境に働きかける大きなきっかけとなる。歩行が安定し、移動しながら両手が使えるようになると、床や地面に興味のある物を見つけては立ち止まる、しゃがむ、指でつまむ、手で持ち歩くといった一連の遊びの動きが見られるようになる。子どもは新しい動きを獲得するとそれが自信となり、さらに探索意欲を高めて活発に行動し、新たな動きを身に付けていく。保育士は一緒に遊びを楽しみながら、子どもが喜んで

様々な動きや感覚を体験できる環境を物・人の両面から構成していく。

　子どもを自然の中に連れ出して遊ぶと、転ばないで歩く力がつき、土や石、植物や生物、動物などとの出会いから探索活動も活発になる。子どもは段差や斜面を登る、でこぼこ道を歩く、くぐるといった動きを好むので、園庭や保育室に傾斜のある場所を作る、トンネルや押し引きできる車等の遊具を配置するなど、全身を使った遊びを楽しめるようにする。音楽を流し、リズムに乗って楽しく体を動かすのもよい。

　また、保育士と一対一でやりとりを楽しみ、動作を模倣する手遊びや歌遊び、ままごとなどのごっこ・見立て遊びができるようにする。「まてまて遊び」や「あぶくたった」など、子ども同士が一緒に遊べるよう橋渡しをしながら、それぞれの子どもの好きな遊びが十分できるようにする。

► 2　言葉の発達と遊び

　1歳前後から大人の簡単な言葉が分かるようになり、初めて意味ある言葉（初語）を発するようになる。「どうぞ」「ありがとう」「バイバイ」など生活や遊びに密着した言葉である。絵本や玩具などに興味をもつようになるので、遊びの中で簡単な言葉を繰り返したり、真似させたりするとよい。

　絵本の『こんにちは』は、お花や犬など出会うたびに「こんにちは」

図表11－1　全身を使う遊び・手指を使う遊び

全身を使う遊び	手指を使った遊び
つかまらずに歩く、しゃがむ、とまる、なげる、登る、降りる、跳ぶ、くぐる、押す、引っ張る、ぶらさがる、前向きに滑る、段差・傾斜・斜面・高いところに上る、でこぼこ道・坂道を歩く	握る、つまむ、めくる、通す、はずす、転がすスプーンを使う、コップを持つ、たたく、ひねる、ちぎる、引っ張る、破く、丸める、積み木を並べる、積む、容器の中に物を入れ出す、容器のふたを開け閉める、ねじる、スプーンやお玉で物をすくう、粘土をつまむ、ちぎる、マグネットをつけはずす、なぐり描き・ぐるぐる描きをする

（筆者作成）

と挨拶をする内容だが、初めは「こんにちは」の語尾の「は」を大人と合わせることを楽しむようになる。手遊びや歌遊びの中にはトントンやキラキラなど擬態語の覚えやすい言葉が多く、手や体を動かしながら楽しんで覚えていくことができる。子どもがままごと遊びの中で茶碗を差し出してきたら、大人は「いただきます」と言って手を合わせ、「おいしいね」とほほを手の平でトントンと軽くたたく。すると、子どもは大人のしぐさと言葉を真似しようとする。その時に「上手においしい、できたね」と声をかけ、言葉のやりとりを楽しむようにする。子どもは身近な大人に受け入れられたことを喜び、おしゃべりをすることが楽しくなる。このように生活や遊びの中で言葉を獲得していく時期である。

　1歳後半には二語文を話すようになり、自分の思いを伝えたい欲求が高まるが、まだうまく思いが伝えられない。そのうち自己主張が出てきて、身近な大人に何でも「イヤ」「ダメ」などと言うようになる。子ども同士で関わりをもつようになると、大人は遊びの仲立ちとなるような言葉をかけるよう心がけたい。まだ自分の気持ちを上手に伝えることができない子どもの気持ちを受容し、子ども同士がトラブルを起こしたときには子どもの気持ちを代弁する必要がある。

　言葉は、信頼している人に思いを伝えるためのものである。話して気持ちを共有してもらうことで、さらに話す意欲が湧いてくるので、うまく言葉にならなくても温かく対応することが大切である。言葉の発達には個人の開きがあり、言葉で表現できない子どもには、指さし、動作や表情などから読み取る必要がある。

▶ 3　他児への関心と嚙みつき

　探索活動が活発になると、子どもは周囲の物への興味と同様に、一緒に過ごしている他の子どもにも関心を持つようになる。一人で好きな遊びをしながらも、他児の遊ぶ様子は目に入っており、他児の名前や気に入っている玩具、好きな遊びをよく知っている。一方、自分が持って遊

びたい物やしたいことを思いつくと、周囲に構わず一直線にそこに向かっていくので、同じタイミングで同じ物を欲しがる他児とはトラブルになることがある。また、その思いが強いときや、生活の中で何らかの不安や不満があるようなときには、他児への噛みつきが見られることもある。噛みつきは、保育士へのメッセージであると理解し、その子どもを責めるのではなく、よく観察する。いつ、どんな場面で、どの子どもに対して噛みつくか、ということを丁寧に見て記録し、保育士間で共有していくと解決方法が見つかることが多い。特に理由が見当たらない場合もあるが、普段より少人数で遊ぶようにしたり、保育士の手伝いをさせたり、一緒に過ごす中で思いを共有する機会を増やすと噛みつきがなくなっていった事例もある。

　1歳児は生活や遊びの中で、物を通して人と関わる機会を広げていく。特に、周囲の子どもの存在を意識することは、自分の好きな物や遊び、得意なことを認識し、自己を確立していくきっかけとなる。保育士は様々な場面で子ども同士の関わりや遊びを繋いでいくようにする。

第3節 >>> 1歳児保育の評価の観点

　保育の評価は、指導計画から実践内容、子どもの活動記録などをもとに、保育士間で活動内容や子どもの心の育ちを振り返り、改善点を見出していくためのものである。1歳児は個人差が大きい時期であることから、子ども同士の比較でなく、個々の子どもが何に興味を持ち、どのような思いをもって、どのような遊び方をしているかなど、改めて子どもの活動の姿や心の動きに着目し、子ども理解を深めていく。それと同時に、落ち着きのある温かい雰囲気を作っているか、子どもが自分でしようとする意欲を認め、本当に手伝って欲しいときに手を貸すことができているかなど、保育士としての振り返りを通して子どもとの信頼関係を

再構築する手立てとしていく。また、1歳児は、日々の散歩や季節の行事への参加などを通して地域生活に触れる機会が増えるため、保育の実践が地域の実情や保育所の実態に即して行われているかということも評価の視点となる。

演習問題

1. 室内遊びの片付けの場面で、散らばった積み木をA児（女児）がきれいに箱に並べたところへB児（男児）がやって来て、それを運ぼうと箱に手を伸ばした。するとA児はB児の腕に噛みつき、保育士に止められたA児は泣き出した。このときのA児、B児の気持ちや保育士としての適切な対応の仕方を考え、話し合ってみよう。

2. 1歳児が行う感触遊びにはどのような遊びがあり、子どもはその遊びからどのような学びを得ているだろうか。生活の中にある素材や道具などに着目して考えてみよう。

【引用・参考文献】

加藤繁美・神田英雄監修、服部敬子編著『子どもとつくる1歳児保育』ひとなる書房、2013年

厚生労働省『保育所保育指針』1999年、2008年、2017年

汐見稔幸・小西行郎・榊原洋一編著『乳児保育の基本』フレーベル館、2011年

わたなべしげお文、おおともやすお絵『こんにちは』福音館書店、1980年

（第2節2項：大﨑利紀子・第1・3節、第2節1・3項、演習問題：小林祥子）

第12章

2歳児の保育

第1節 ≫≫ 2歳児クラス

► 1　2歳児の特徴

（1）身体的特徴

　人間のすべての動作を可能にする土台がつくられ、身体の基本的動作を獲得する時期になる。歩く・走る・跳ぶから、ボールを投げたり蹴ったりし、両足跳びから一歩跳びへ進み、自分の位置を認識し、動作を予想する認識も生まれる。

（2）指先の発達

　著しく発達する時期であり、積み木を5～6個積み上げたり、クレヨンを握ってなぐり描きができる。絵本のページを一枚ずつめくったり、飴やキャンディの包み紙をむいたりなど、できることが増えてくる。暦年齢3歳を越えると、はさみの使用やボタンをかけること、指先でのりをつけるなど、器用さが出てくる。

（3）言語の発達

　身の回りにある「ものの名前」に興味をもつ時期である。質問期ともいわれ、「これなあに？」「なぜ？」「どうして？」を連発する。時間と位置関係の認識も進む。「きのう」「きょう」「あした」から、身体的発達と関連して自分の位置の認識から「まえ」「うしろ」がわかるようになる。獲得する構音（チャ行・ニャ行・ジャ行・カ行・ヤ行・ン・ワ）も増え、文章も多語文となる。単語は900～1000語となり、記憶力が発達し、

過去形を使うことも可能となる。これらを使って大人と普通に会話ができるようになるが、不十分な表現方法、発音の未熟さなどうまくいかない場面が多くみられる。使いこなしていくには、生活や遊びの中での大人との関わり・子ども同士の遊びを介した様々な経験が必要になる。

(4) 精神的発達

2歳を過ぎる頃から、自分に対しての認識が強くなってくる。いわゆる「自我が強まる」時期である。これは、身体的発達・言葉の獲得により、自分の身の回りの世界と多様に関わることで、他への関心が深まり、自分のメッセージを伝えようとする気持ちが高まるからである。自我が強くなるのは、発達の当然の過程であり、それによって、子どもは自分と他者を認識し、自分をとりまく世界を広げていくことができるようになる。

▶ 2 2歳児保育の特徴

(1) 2歳児クラスの課題

保育所という集団保育の2歳児クラスは、大人の介助なしに生活できるという「自立」と、集団生活が可能になるという「社会性」を獲得するという、2つの課題をもつ。

しかし2歳児クラスは、日本の保育制度では、4月の年度初めの段階において、この年の3月に2歳になったばかりの子から、4月に3歳の誕生日を目前にした子まで同じクラスに存在する。2歳児と3歳児が同居する2歳児クラスは、約1年の発達の差がはじめから存在することになる。

(2) 2歳児クラスの月齢差の実際

この1年の差は、非常に大きい。ようやく体のコントロールができるようになった子がいるかと思えば、もうすでに走りまわることが楽しくて仕方がない子がいる。離乳食が完了したがまだ食事の介助のいる子から自食が可能になった子もいて、トイレトレーニング真っ最中の子から、

男女別のトイレの使い方の指導が可能な子までいる。このように、育児・生活の面で大きな差があるのが2歳児クラスである。

　遊びの面については、身体機能の発達の差から、室内遊びにおいても戸外活動においても、2歳児と3歳児では、それぞれ違う発達課題をもつ。

　さらに、愛着関係のある大人との繋がりから一歩進んで、同じ年齢の仲間との関係が進んでいく時期でもあり、人とのつながりの土台を築く大切な時期である。しかし1年の差は、まだ自分一人の世界から踏み出せない子と、すでにクラスの子と遊ぶのが「イッショ」で楽しいという子までいるということになり、それぞれの段階に応じた「関わり」が必要になる。そして、年度の終わりには「トモダチ」が「友だち」になり、一緒に遊び生活する幼児クラスへの扉の前に立つことになるのだ。

► 3　2歳児クラス運営の特徴

　2歳児クラスにおいては、約1年の発達の差が存在している。この差を考慮しながら保育士は、0・1歳児クラスから積み上げてきた「一人ひとりを大切にする保育」を堅持しながら、「社会性」を育てるクラス運営をしていかなければならない。

　そのためには一人ひとりの発達の差を考慮して月齢によるグループを構成し、それぞれのグループの担当保育士を決めて、生活・遊びの計画を立てることが必要になる。つまり約1年の差を月齢の近いグループに分けて活動することによって、2歳児になると、同じ日課を過ごすことができるようになり、その積み重ねの中で大人の介助なしに「自立」して生活できる習慣を身に付け、自分とは違う「トモダチ」を意識し、共に遊ぶことで「社会性」を身に付けるようになる。

　月齢グループの担当を決めることが必要なのは、保育士にとってはグループの一人ひとりの発達を見ながら援助するためであり、子どもたちにとっては月齢の近い少数の子どもと「いつもイッショ」に生活し遊ぶことで、「イッショがたのしい」「この子といるとうれしい」という経験

を積み重ね、その積み重ねから「トモダチ」という存在を獲得することが可能になるという大きな利点があるからだ。

第2節 ≫≫ 2歳児クラス保育の実際

▶ 1 グループ分けと担当制の意義

　保育所保育指針において乳児保育の担当制については、「特定の大人との応答的な関わり」として文章化されている。つまり、乳児保育においては、特定の人による個別的関与が重要視されている。2歳児になっても保育士との「応答的な関わり」は、保育所保育指針の「保育に関わるねらい及び内容」の中で繰り返し強調されている。つまり2歳児保育においても、一人ひとりに対して「応答的関わり」が求められている。

　保育士の「応答的関わり」を実践するためには、一人ひとりの子どもの発達にそった日課を見守りながら、生活・遊びの自発性を育てるために月齢別のグループ分けと担当制が必要となる。2歳になると、「特定の保育士＝安全基地としての存在」から、他の保育士との関わりが増えてくる。しかし、これをもって、特定の保育士は必要ないとはいえない。なぜなら、安全地帯から子どもが離れることができるのは、その場に、安全基地としての保育士が存在しているという確信が前提になる。この確信が子どもの情緒を安定させる。情緒が安定しているから、毎日の生活で自発的に行動し、他児との関わりを持とうとする。「特定の保育士」による援助と、子どものペースを重視する保育形態が必要である。この保育形態を可能にするのが、一人ひとりの日課を土台とした月齢グループ活動表と、担当の子どもと関わることを可能にする大人の仕事の分担表の作成にある。図表12-1、12-2は実際のデイリープログラムと役割分担表の一例である。参照して2歳児の保育を理解する一助としてほしい。

第3節 »»» 2歳児保育の留意点

► 1　保護者への対応

2歳児になると、生活面での自立が進んでくるため、親は子どもの自立に向けての試行錯誤をするが「(他の子と比べて) 遅いのでは？」「このままでいいのか？」と悩み、不安になりやすい。

食事では、偏食とスプーン等の持ち方・食べ方が気になり、排泄の「自立」では、結果が見えず焦りがちになる保護者も多い。

保育士は不安を口にする保護者に対して、その気持ちを理解する・受け入れることがまず第一である。親は自分の育児の不安を、共に悩み援助する支援者がいるということで、安定することができるからだ。その上で、親と共に子どもの発達を見守るという姿勢を持ち専門職としての立場から具体的な支援をする。子どもの成長の見通しをもって、小さな一歩を共に喜びあうことが、親への支援であり、子どもへの援助となる。

► 2　2歳児の行動の理解と対応

「すぐ乱暴する」「弟や妹にいじわるをする」「お友だちとうまく遊べない」「オモチャを貸さない・とる」これらの [問題行動] に振り回される親も多い。又、保育士にとっても身近な子どもの問題行動である。2歳児は気持ちをうまく伝えられず、怒ったり、泣いたり、頑なになる。子どもの気持ちを理解するには、よくその子を「見る」ことだ。その行動を観察し気持ちの動きが分かれば、どう対応するかが見えてくる。

2歳児の発達過程を理解すること、見守れる体制をつくるためには、援助するための専門職としての研修を常に課題としてもつことが必要になる。

図表 12-1　２歳児クラスデイリープログラム

	a1 4月生	b1 9月生	c1 10月生
	a2 6月生	b2 9月生	c2 11月生
	a3 6月生	b3 10月生	c3 11月生
	a4 7月生	b4 10月生	c4 12月生
デイリープログラム(個人の日課)　6月	a5 8月生	b5 1月生	c5 1月生
	a6 8月生	b6 2月生	c6 2月生

時間	a1 38月	a2 36月	a3 36月	a4 35月	a5 34月	a6 34月	b1 33月	b2 33月	b3 32月	b4 32月	b5 29月	b6 28月	c1 32月	c2 31月	c3 31月	c4 30月	c5 29月	c6 28月
6:00																		
7:00										朝食						朝食	朝食	
8:00	朝食	朝食	朝食		朝食	朝食	朝食	朝食		登園	朝食	朝食	朝食	朝食				朝食	朝食
9:00	登園	登園	登園	朝食 登園	登園	登園	登園	朝食	朝食 登園	朝食	登園	登園	登園	登園			登園	登園
10:00							登園			登園	登園		戸外遊び(9:45〜10:45) 水分補給				登園	登園
11:00	戸外遊び(10:15〜11:15) 水分補給						戸外遊び(10:00〜11:00) 水分補給 遊び						遊び					
12:00	遊び 順次食事						順次食事 食後排泄・順次睡眠						排泄 食事	排泄 食事	排泄 食事			
13:00	食後排泄・順次睡眠												排泄 食事	排泄 食事	排泄 食事			
14:00																		
15:00	排泄 順次おやつ	排泄	排泄	排泄	排泄	排泄	順次排泄・おやつ						順次排泄・おやつ				順次排泄・おやつ	
16:00	排泄 降園		排泄		排泄	排泄		排泄		排泄			排泄 降園	排泄 降園	排泄			
17:00		排泄	降園	排泄 降園	排泄 降園	排泄			排泄	降園	排泄		降園		排泄			
18:00	排泄 降園	降園	排泄 降園		降園			排泄 降園	降園	排泄 降園						降園	排泄 降園	
19:00																		
20:00																		
21:00																		
22:00																		
23:00																		

(筆者作成)

図表 12-2　大人（保育士）の役割分担

大人（保育士）の役割分担

時間	A早番 （7：30〜16：15）	B中番 （8：30〜17：15）	C遅番 （9：15〜18：00）	大人の仕事分担
7：30	出勤 分担の仕事			【早番】 換気 給湯器オン
8：00	受け入れ・視診 連絡帳チェック a2,b4,c3受け入れ 遊びを見る c1,c2,c4受け入れ			床拭き・棚拭き 栽培植物水やり 洗濯物（タオル・手拭き等）片付け 受け入れ・視診
9：00	a1,a3,a5,a6受け入れ a4,c5,c6受け入れ c3,c4排泄 c1,c2,c5,c6排泄	出勤 分担の仕事 連絡帳チェック b1受け入れ b2,b3,b5,b6受け入れ 順次担当児排泄	出勤 分担の仕事 担当児を戸外へ	あそびを見る
10：00	順次担当児排泄 担当児を戸外へ	担当児を戸外へ 遊びを見る	c4,c5,c6排泄 食事準備 c4,c5,c6食事（後睡眠）	【中番】 人数確認 口拭き・おしぼり
11：00	遊びを見る 午睡ベッド準備（全員）	食事準備		コップ容器準備 連絡帳確認 玩具消毒
12：00	食事準備 順次排泄 A食事（順次睡眠）	順次排泄 B食事（順次睡眠）	c1,c2,c3排泄 食事準備 c1,c2,c3食事（後睡眠）	トイレ掃除
13：00	休憩・記録	食事片付け		【遅番】 おやつのおしぼり準備
14：00	おやつ準備	休憩・記録	休憩・記録	連絡簿の確認 （伝言等） 洗濯物干し
15：00	順次排泄・おやつ 遊びを見る a2排泄	順次排泄・おやつ 遊びを見る	順次排泄・おやつ	保育室掃除 ゴミ捨て 明日の受け入れ
16：00	退勤	b3,b5,b6排泄	c3,c4,c5排泄 遊びを見る	準備 戸締りその他確認 （給湯器確認）
17：00		a1,a4,a5,b1排泄 a3,a6,b2,b4排泄 退勤	c1,c2排泄	
18：00			退勤	

担当　A	担当　B	担当　C
副担当　B	副担当　C	副担当　A

（筆者作成）

演習問題

　遊びに夢中になり、次の活動へ移れない場合、保育士のどのような対応が必要か考えてみよう。

【引用・参考文献】

　厚生労働省告示第117号『保育所保育指針』　2017年

　吉本和子著『乳児保育〜一人ひとりが大切に育てられるために』エイデル出版、2002年

（大倉眞壽美）

第13章

2歳児の生活と遊び

第1節 »»» 2歳児の生活

▶ 1　2歳児の生活の課題

　生後24か月を越えると、身体の機能の発達と指先の器用さが増してくる。そのため生活の面で、今まで大人の介助に頼っていたものが、「ジブンデ」できる可能性が広がる。言葉の獲得も飛躍的に進むため、言葉を介しての援助や自分の意志を言葉で表そうとするようにもなる。自我も同時進行で強くなっていくため、何でも「ジブンデ」やれると思い、又やろうともする。しかし、獲得したばかりのスキルは磨かなければ光らない。「自立」への意欲は大きく自信満々ではあるが、実際はつまづきの連続である。ここで「応答的な関わり」が保育士に求められる。

▶ 2　2歳児の生活と保育士の援助

（1）食事と保育者の援助

　2歳までには、ほとんど一人で食事をすることができるようになるが、自立のために一人ひとりの食事の量や好き嫌い、食事にかかる時間の個人差、基本的なマナー（姿勢・食べ方・食器の扱い方等）に対する介助が必要になる。保育士は、食事の全体の流れ（準備から片付けまで）に十分気を配りながら、子どもの「ひとりでできる」という気持ちに添う姿勢を持つ。「完食」指導ではなく、食事を楽しむ気持を育てること、さらに最近多くなっている、アレルギー対応にも十分な配慮をする。

(2) 着脱と保育士の援助

　着脱は自分でしようとする気持ちと、経験の不足や練習の必要から「やりたい」のにうまくできなくて、イライラしたり諦めて甘えることがある。保育士は日々の保育の中で、前後の見分け方からボタンの留め方・はずし方など、着脱のコツを具体的に教えながら、手指の発達を促す玩具を意識して取り入れる。保護者に、着脱のしやすい衣服の協力を得ることが必要な場合もある。

　保育士は具体的にどうすればよいのかを示しながら、難しいところは手伝うことで、子どもの「できる」こと（成功体験）を増やしていき、「できた」ことを喜び合う。この積み重ねを一人ひとりの発達に合わせて援助する。又、日常的に自分の服の管理ができるように、一人ひとりの籠を用意するなど、着脱や片付けがやりやすい環境をつくることも、自立に向け大切な援助である。園でも家庭でも「時間がかかるのは当たり前」という視点を持ち、保護者と連携をとりながらすすめる。

(3) 排泄と保育士の援助

　排泄の自立は、生理的にオムツをしないで過ごせるという段階に到達したということである。排泄の自立は、子ども自身の「できた」という喜びと、養育する大人側の喜びを共に味わうことで、遊びやふるまいに自信を強めることになる。

　保育士は深い愛情と理解をもって、子どもの膀胱機能の発育を観察しながら一人ひとりの子どもの段階に応じた計画を立て、自立へ向けて援助する。援助の際には、子どもに「手伝ってもいい？」など、確認することが自立へ向けての励ましになる。

　布パンツになると、トイレの使い方を援助する。その際、男の子と女の子の使い方の違いを正しく伝える。男の子は立って、女の子は便器に座ってする。女の子は紙を使って前から後ろに拭く。男の子は排便では便器に座る。終わったらパンツ・ズボンを上げて水を流す。スリッパを揃え、手を洗う。この一連の動きを、毎日繰り返し援助する。

（4）睡眠と保育士の援助

　1日の生活リズムの中で、2～3歳児は12時間前後の睡眠が必要とされ、そのうちの午睡は2時間ぐらいが目安である。食事の後、照明・室温・湿度等十分に配慮された環境を準備する。集団生活の中では、決められた時間に睡眠ができない子も多い。初めての集団生活で環境が変わり寝付けない、母親の就労で生活リズムが変わり睡眠時間がずれるなど、それぞれ家庭によって違う。それぞれの生活を尊重しながら、子どもの生活リズムを整えていくように、保護者と保育所側で十分に話し合い、進めていくことが必要である。

（5）清潔と保育士の援助

　清潔の習慣の獲得は、集団生活の中での感染症の予防と、子ども一人ひとりの心身の健康と安全を守ることであり、人が人らしく生きていく上での基礎となる。丁寧な毎日の生活の積み重ねの中で、保育士は子どもの身の回りの衛生に気を配り、「気づき」「やろうとする」子どもの姿勢を「見守り」ながら、気持ちよく過ごせるように援助する。

第2節 »»» 2歳児の遊び

▶ 1　子どもにとっての遊びとは

　子どもにとって「遊び」は、自ら始めて自ら維持し、拡大し自ら終了する自発的な活動である。この「遊び」を通して、子どもは全人格を発達させる。乳幼児期の「遊び」は、人間社会を生き抜いていくための基礎となる能力を身に付けるためにある。つまり、乳幼児期の「遊び」は子どもの発達にとって、最も重要な活動として位置づけられる。

　自発的で主体的な遊びの中で、子どもは自分のその時点での能力の限界を知り、同時に自分の可能性も経験できる。

▶ 2　遊びの条件

自発的で主体的な「遊び」を支えるためには3つの条件がある。

（1）落ち着いた環境

自分の慣れた環境であること、つまり自分がそこに居て良い場所である。保育所保育では、保育室が自分にとって「最上の場」であることである。「最上の場」となるには、繰り返される日課があること、これは子どもが予測できることを意味している。予測できる毎日は子どもの情緒を安定させ、「遊び」に向かわせる。

さらに、自分の発達課題にあった道具・玩具類に囲まれていること、そして、一緒に過ごすことが嬉しい大人や子どもがいることである。つまり、生理的・運動・知的欲求が満たされる環境であることである。

（2）時間

遊びはすぐに始められるものではない。きっかけを探したり、友達に相談したり、あれこれさわって考えたりする。遊びながら思いつき、人の遊びから誘発されたりもする。遊びを始めるにも、維持するにも、拡大するにも、満足して終了するにも、十分な時間が必要である。

（3）保育士の見守りと援助

子どもの自発的な活動＝「遊び」を支えるのが保育士である。保育士は、落ち着いた環境をつくりだす主体である。一人ひとりの発達課題を把握し、それぞれの日課をたて活動を見守り援助する。

変幻自在な子どもの活動を見守り、自発性を支える言葉や発達を促す環境を整え、遊びのきっかけをつくり、遊びの流れを観察・分析し具体的な援助をする。ここでの保育士の課題は、「何をしなければならないか」ということと、「何をしてはならないか」ということを理解し実践することである。

▶ 3　2歳児の遊びの特徴

　2歳から3歳にかけての遊びは、身体機能の発達に伴った機能練習遊び、手先の器用さを促す構成遊び、社会的な役割を意識しはじめる模倣・役割遊びやルールのある遊びなど、多様な遊びが広がっていく。

　散歩や体育的な集団遊び、わらべうたによる集団遊び、一緒に絵本を読んでもらう読み聞かせの時間や保育士による遊びへの参加など、他の子を意識した集団活動がはじまる。

　2歳児の遊びの特徴は、一人遊びを基本にしながら、環境や保育士からのきっかけに刺激を受け、他の子との関わりを通して少しずつ「社会性」が育っていくことにある。

▶ 4　遊びの実際

（1）2歳児のコーナーについて

　2歳児のコーナーは、発達に伴った遊びの多様化に対応することが必要になる。遊びの種類が増えるとともに道具類も増える。明確な遊びの目的別のコーナーと道具は、子どもに具体的な遊びの理解とその遊びのルールを容易に理解させる。

　また、コーナーの中にいれば、ひとりでじっくりと遊びに没頭することが可能となる。子どもの自発的な遊びを援助できる。

　一方で2歳から3歳への発達過程において、仲間意識が出てくる。1か所で複数の子どもが同じような遊びをするようになる。そこで、コーナーの広さを考慮したコーナーづくりが求められる。

　コーナーづくりは、クラスの人数・構成（月齢）・遊びの比重等を考慮して広さを決めなければならない。

（2）コーナーの種類

①構成遊びコーナー

　M 積み木（色のついた大きい積み木）、基本の積み木、汽車セット、

動物セット、車セット、ドミノ等

②台所・世話遊びコーナー（お医者さんコーナー・美容室コーナー等）

人形、布、人形用ベッド（布団）、台所用品、レンジ付き流し台、鏡台、机、椅子等

③机上遊びコーナー

パズル、ボードゲーム、カード、通す遊び、描画・粘土等の造形遊び

はめ込む遊び（プラステン・リモーザ）、描画・粘土等の造形遊び

④休息コーナー

クッション類、カーペット、ベンチ、絵本等

⑤その他

床上での遊びとして、トンネル、段ボール、フープ等

▶ 5　自由な遊びと設定保育での保育士の役割

　一日の生活の中で、自由な遊びと設定保育は日課の流れの中で同時に行われる。基本となるのは、設定保育の参加はあくまで子どもの自発性に任せることである。2歳児になると、保育士が始める遊びに対して興味を持ち積極的に参加する。子どもの遊びのきっかけを作りだすものとして位置づけ、発達に合わせた計画のもとに実施する。自由な遊びの環境も設定保育の計画に沿った玩具・道具を配置し、コーナーも子どもの活動の変化に伴って少しずつ変化させる。年度末になると、ほとんどの子どもが設定保育に参加してくるが、基本である自由参加を崩さないことが大切である。

　子どもの遊びは常に自らはじめ自ら終了するものであるが、子どもの発達を支える大人の「関わり」がなければ、新しい遊びに興味をもつことや、工夫し考えることや、友だちと一緒に楽しむことなどができない。保育士のかける言葉や動作、保育士が準備する保育室の遊びの環境が子どもの遊びをはじめるきっかけを生み出し、遊びを発達させる。保育士が行う設定保育は自由な保育を支え、子どもの自発的な遊びを生み出し

ていくのである。

第3節 》》2歳児保育の評価の観点

　2歳児の保育は「社会化」が大きな評価の視点となる。世話をされ保護される存在から、生活習慣が自立し、身の回りへの関心が高くなり、社会の一員としての存在へと成長する。

　保育の評価の観点は、自立と社会化である。毎日の生活の中での自立は「ひとりでできる」ことが増えること、遊びの中での社会化は「友だちと一緒」を楽しんでいるかということである。保育の計画は遊びの中で「一緒」を計画する設定保育と、コーナーの環境を構成することで遊びの中での「一緒」がスムーズにできるように作成する。このようなクラスの計画と同時に、一人ひとりの個別の生活と遊びの計画を自立と社会化の観点で立て、実践し評価する（**図表 13 − 1**）。

演習問題

1. A君の作った積み木をB君が壊した。怒ったA君は積み木を投げた。保育士はどう対応したらよいか考えてみよう。
2. 台所の遊びコーナーで集まった子ども全員が「お母さん役」になりたがった。保育士はどう対応したらよいか考えてみよう。

【引用・参考文献】

厚生労働省告示第117号『保育所保育指針』、2017年

サライ美奈著、全国私立保育園連盟・保育国際交流運営委員会編『ハンガリー　たっぷりあそび就学を見通す保育　一人ひとりをたいせつにする具体的な保育』かもがわ出版、2014年

（大倉眞壽美）

図表 13-1

6月　2歳児　　　遊びの計画・評価（週案・月案）

テーマ遊び		課題遊び	
◎ 保育園へお迎え ・○○ちゃんのお迎えに ゆく話	誰がおむかえにゆくの？ 一緒にいくのは誰？	◎「いなくなったのはだれ」 ・自分の場所を知る	シンボルマークカードを使う 数を限定する 食事の場所、ロッカー、かご
◎ お出かけするよ ・おつかいにいこう！ ・お父さんとおかあさん といこう！ ◎ お散歩にいこう！	・だれがいくの？ ・どこにいくの？ ・何を買うの？ ・何に乗っていくの？ ・だれといくの？ ・どこにいくの？	◎ 大きい⇔小さい 並べる、重ねる、色で 分ける等	重ね箱、リングタワーで遊び ながら、大小を感じる
道具	抱き人形、キュウピー人形 ぬいぐるみの動物人形 リュックサック、バック、財布 弁当箱、コップ、スプーン 皿 積み木、木の人形・動物 布	シンボルマーク、人形　色積み木、布 重ね箱、リングタワー　エッグタワー パズル類 ひも通し類：ボタン通し　ビーズ通し 汽車：レールを並べる	
空間		**観察・評価**	

	構成・構造遊び	体育的遊び	戸外遊び・散歩	ミニ文学・わらべうた・絵本
第1週	（机の上で） ◎ パズルで遊ぶ →**保育士と遊ぶ** 形パズル、魚パズル ハウスパズル他 **ひとりで遊ぶ**	◎散歩ごっこ（室内） 歩く 跳ぶ、 上る、降りる つま先歩き 這い這いごっこ	園周辺 ◎ 手をつないで歩く 道の端を歩く 車が来たら止まる 大人の指示に従う ルールがわかる	（テーマ遊び） ◎ねこさん、ねこさん ◎保育園へお迎え ◎くまさんのおでかけ （絵本） 「さんぽのしるし」
第2週	（床上で） ◎積み木で遊ぶ お迎えごっこ 使いごっこ おでかけごっこ他	◎動物のまね遊び	雨上がりの道を散歩 みずたまり、 小動物をみつける	「かさ」 「わたしのワンピース」 「ころころころ」 （わらべうた） ももやももや
第3週	（机の上で） ◎重ね箱で遊ぶ リングタワーで遊ぶ エッグタワーで遊ぶ	◎アスレチックに挑戦 すべり台 トンネル 固定遊具 その他	◎ 砂場で遊ぶ 型押しあそび お店ごっこ	あめあめやんどくれ まい、まい メンメンスースー トウキョウト （ごろあわせ） にわかあめだ
第4週	↓	↓	↓	やすべえじじいは かたつむり うめはくっても

（筆者作成）

第14章

特別な配慮を必要とする乳児の保育

第1節 »»» 障害のある乳児の保育の実際

► 1　乳児の障害児保育とは

　保育所で行われている障害児保育を利用する場合、自治体が設置している福祉事務所にまず「障害児保育利用申し込み」を提出する。その後判定機関（児童相談所、発達支援センター等その地域の障害児者支援の拠点施設）で発達検査や知能検査などを行い、保育所での行動観察（体験保育）を経た後、障害児保育審議委員会などで「集団での保育が可能」に「適」していると判断され「障害児保育対象児」となる。

　就学前児の発達診断は、診断を確定するため発達検査や知能検査を行うことが前提だが、3歳以上児でも長時間の検査に取り組めないことが少なくない。ましてそれが3歳未満児となると発達検査への取り組みはより難しくなり判定はさらに難しい。そのため、3歳未満児（乳児保育）では特徴的な発達障害の姿や知的な遅れが見られるか、染色体異常等医学的な診断によって障害児保育対象となる場合がほとんどである。知的障害や身体的な発達の問題を抱え、保育士のサポートが必要な子どもなどがいわゆる「3歳未満児障害児（以下「未満児障害児」）として未満児障害児保育を利用している。3歳以上児の障害児保育では保育士1人：障害児3人の割合で配置されているが、未満児障害児では保育士と未満児障害児の割合は1：2が一般的である。

▶ 2　未満児障害児保育の実際

　未満児障害児の保育内容は3歳以上児の障害児保育と基本的には同じである。所属するクラスの保育活動に参加するが、障害児保育を利用している児は発達に何らかの遅れや偏りがあり、集団保育に参加するには何らかのサポートが必要となる。保育所では必ずしも同年齢保育ではないため、障害児も場合によって当該児の年齢より上や下の年齢集団に所属することもある。特に3歳以上児の障害児保育は担当者と子どもの比率が1：3のため、例えば障害児保育利用児の内訳が3歳児1人、4歳児1人、5歳児1人の場合それぞれの児の特性を考慮し、各年齢の母集団の状態を考えた上で所属するクラスを決定する。未満児障害児も同様である。

　通常、障害児保育担当保育士は「クラス担任」として配置されるため、クラスに障害児保育対象児が所属していることや、障害児保育担当保育士がいることもクラスの保護者には伝えることは無い。これは障害児とその保護者の個人情報であり守秘義務の見地からの対応である。園によっては保護者自身から懇談会など全体の保護者が集う場で我が子の障害について理解を求めるよう園側が促すこともあるが、保護者自身の障害受容を考え慎重に進めることが必要であろう。

　医療的ケア対象児（医ケア児）など、保育士とは異なる専門性の必要な障害児には看護師や医師の対応が必要となるため、看護師を配置している園もしくは決まった日時に看護師が園に来て対応する形（訪問看護師）をとる。看護師が対応できない場合は家族が医療的ケアを行う必要があるため、一部で保育士が代替できる医療的ケアを広げる動きがあるが、対象児の安全や保育士の負担を考えると、看護師での対応を充実させることの方が必要であろう。

▶ 3　他傷・他害

　宮城県仙台市では、通常保育利用児でも他児へ危害（他傷・他害）を及ぼす恐れが多い場合「（一定の基準や手続きを経て）特別な配慮が必要」と認定されれば、担当保育士が配置される。これは未満児障害児に限らず就学前まで対象となっており、これも一つの「特別な配慮」の例と言えるだろう。

　強度行動障害と認定されることもあり、他害・他傷の心配がある場合は日常的に他児に危害が及ばないような工夫が必要となる。3歳以上児より3歳未満児の方が衝動的に引っかいたり噛みついたりということがあり、保育士は注意が必要となる。関係性にもよるが、同じ子の組み合わせでかんだり引っかいたりという保育中の事故が続くことがあり、その際は保護者の信頼を失わないように、徹底して子ども間のトラブルの無いように対応を工夫していくことが必要である。

第2節 ▶▶▶ その他の「特別な配慮」

▶ 1　外国にルーツを持つ乳児の保育の実際

　外国にルーツを持つ子どもの場合、真っ先に考えられる懸念が言葉と宗教的背景であり、対応すべき「特別な配慮」となるだろう。

　近年就労ビザなど在留資格を持つ外国籍者が家族とともに来日するケースが増えている。大学や大学院への留学生はほとんどが英語を話せるため、保育士も対応できることがあったり、通訳や翻訳（おたよりなど）のボランティア等も見つけやすいが、就労ビザの場合は英語が話せないこともあり、意思疎通が大きな問題となる。

　また、日本の保育形態は諸外国と比べると、行事や一日のプログラム

等で違いが多く、外国籍の保護者に理解を得ることが難しいこともある。お昼寝用の布団や着替え、おむつ等身の回りの物の準備や保護者参加行事の理解等は丁寧な対応を心がけていかないと、考えられないようなトラブルに発展することもある。

　特に行事の場合の持ち物の必要性をどう伝えるかも問題になりやすい。例えば遠足に持っていく水筒には水か麦茶などと伝えてもジュースが入っていたり、水筒ではなくペットボトルを持たせたりということもある。またお弁当にチョコレートバーやバナナが丸ごと１本ということもある。

　宗教的な背景から給食で食べられない食材がある場合、アレルギー食同様に個別配慮が必要となる（ハラールに代表される食形態）。公立園では宗教的な行事はあまり行われていないが、私立園の場合、設置主体が教会や寺社のこともあり、福祉事務所経由で入所が決まる認可保育所では確認が必要となる。食事の例ではこの他に食文化の違いも大きい。日本のように主食（ご飯）を食べるためのおかず（副菜）という考え方の国はむしろ少ないと言える。このような背景から日本では主菜副菜をバランスよく食べるよう働きかけることがあるが、家庭と園との食習慣の違いは子どもにとって混乱を招くことになることも考慮したい。

　言葉や表現では、大きな違いでは手のひらを下に向けた手招きは、「あっちに行け」という追い払う動作とされている国もある。子どもの頭をなでるのが失礼な行為に当たる国もある。親指と人差し指で丸を作るいわゆる「OK」のサインも国によっては侮辱ととられることもあり、注意が必要である。

　また、保育業界の言葉も伝わりにくい。例えば「午睡」は漢字文化圏であれば見るとわかるが、一般的な日常会話に「午睡」はほぼ使われないため伝わりにくい。「お昼寝」と伝えることが必要である。保育所で言う「散歩」は直訳すると「walk（歩く）」になるが保育所では「公園などに行って遊んでくる」ことも含まれる。また、外国籍の保護者の中

には文字の読み書きが難しい方もおり、母語に翻訳したものを渡しても読めないために伝わらないこともある。事前にどの程度の識字力（母語やその他の言語）なのか確認が必要な部分である。

　保護者自身への支援も保育所として取り組むべき事項の一つである。これまで述べてきたように、外国にルーツを持つ家庭と保育所は意思疎通や保育実践への理解を得るため細かなコミュニケーションや配慮の必要性が高い。保育所としてできる限りのサポートを、と考えることは当然である。しかし、保護者同士では配慮を求めることは難しい。子ども同士のトラブル等保育所が介入できることであれば問題ないが、意思疎通がうまくいかないことによるトラブルへの対処についても、保育所内で話し合い対応について検討することが必要になってくる。

　このように文化の違いによる生活形態や社会通念、意思疎通の難しいところなどは保育士側の理解も必要であり、行政と連携しパンフレットの翻訳や通訳、保護者との文化の違いの確認など細やかな対応が求められる。

　加えて知的な問題を抱えていたり、発達に特徴的な姿が見られる場合は更に細かな対応が求められる。国や文化、保護者の考え方等によってその対応は大きく変わるため、保育所だけでなく関係機関にも協力を求め連携を図っていくことが必要である。

第3節 »»» 指導計画における配慮、環境構成

▶ 1　保護者との連携・協働

　3歳未満児の障害児保育では、対象児が少ないことや比較的子ども集団が小さいことで、対象児に手をかけやすい状況がある。しかしその反面、3歳未満児では一人ひとりの子どもの発達の個人差が大きいため、

何らかの遅れなのか個人差なのかの違いが分かりにくく、どこに支援が必要なのかの判断が難しい。そのため未満児障害児対象児の保護者とはより密接な連携が必要となる。外国にルーツを持つ児は、保育所と家庭では異なる文化に接していることが多いため、混乱している様子も見受けられる。障害児保育利用ではないが、外国にルーツを持つ子どもの保護者は、保護者自身も異なる文化の中で生活しているために日常的に戸惑いを感じることがあると考えられる。「子どもへ」「保護者へ」と区切らず、家族全体へのサポートを園として考えていく必要があるだろう。

　発達障害や知的障害など、一見した程度ではわかりにくい障害や疾病等の場合、保護者自身が子どもの状態を受け入れられていないことが多い（障害受容）。特に３歳未満児では生後の期間が短く、障害受容がどのタイミングで受け入れてくれるかはそれぞれ個人で大きく異なるため、保育士は保護者の信頼を得ることを第一に考え、障害受容を勧めるということは慎重に考えていく。保育士の働きかけいかんでは障害への拒絶反応が強まることもあるため、保育士側の「保護者や子どものため」という思いを押し付けることは控えたい。

▶ 2　クラス保育と個別配慮

　乳児保育における特別な配慮が必要な子どもについては、前述のように何らかの身体的なハンディキャップがある場合、身体、知的、精神等の発達に支援が必要な場合、行動制御や情緒面への支援が必要な場合、外国にルーツを持つ場合など、具体的にあげてきた。

　では、実際にクラス保育や個別の支援についてどのような取り組みが考えられるだろうか。

　第１に、それぞれ特別な支援が必要な当該児は、安心して担当者や周りの保育士、友達と関わりを持ちながら過ごし、保育所が楽しい場であると感じられるような環境や対応が大切である。身体的な不安を抱えていたり、知的や情緒、身体的な遅れや異文化という問題を抱えている場

合、自分ではどうしようもないことが多くフラストレーションやストレスを抱えたり、混乱してしまいがちである。このような状態では他傷・他害のリスクが高まったり、泣き続けることもある。保育所が安心できる場であることが実感できるよう環境を整えたり「ゆるやかな担当制」のように対応する保育士を固定する等、極力変化を抑えた環境調整を心がけることも大切であろう。

　第2に、保護者との協働である。3歳未満児は典型発達の子どもでも自分の意志表示や細かな言語表現が出来ず、保育士がどのように当該児の意思や感じたことをくみ取れるかも、子ども自身の情緒面の安定に関係してくる。その際家庭での姿や保護者との関係の取り方、家庭でのルーティン等、保育をする上で参考になることやきっかけになることの情報を得るには、保護者との信頼関係の上に成り立つ連携を欠くことはできない。外国にルーツを持つ家庭に対しては慎重に進めていきたい。

　これらのことを踏まえ、当該児の集団の中における発達（社会的発達）についてのアセスメントを実施していく。例えば図表14-1で示した本郷ら（2018）による社会性発達チェックリストを利用し、集団におけ

図表14－1　社会性発達チェックリスト（改訂版）

対象児	性別	クラス	月齢	記入日	記入者
	男 女	歳児クラス	歳　か月	年　　月　　日	

【記入方法】
①子どもの年齢にかかわらず、すべての項目についてチェックしてください。
②「現在できるもの」および「過去にできていたもの」に○をつけてください。
③「できないもの」には×をつけてください。
④「わからないもの」については、マニュアルを参考に実際に確かめてください。

年齢	集団活動	子ども同士の関係	言語	認識	感情
1歳	朝の集まりなどで名前を呼ばれたら返事ができる	友だちのまねをする	1語文を話せる	目、鼻、口、耳がわかる	「怖い」がわかる
	集団で簡単な手遊びができる	幼い子どもを見ると近づいていって触る	物の名前を3つ以上言える	絵本を見て知っているものを指させる	泣き、笑いの表情がわかる
2歳	役のつもりになってひとりでままごと遊びをする	友だちとけんかをすると言いつけにくる	2語文を話せる（「ママ　ミルク」など）	グルグルとらせん状に描いた円を真似て描ける	ほめるともっとほめられようとする
	ロープなどがなくても列になって移動できる	自分や友だちが作ったものをお互いに見せ合う	「大きい」「小さい」の両方の言葉の意味がわかる	3つの数を復唱できる（5、2、4など）	怒り、喜び、驚き、悲しみの表情がわかる
3歳	他の子とかかわりながらごっこ遊びができる	ブランコなど順番を待つ	「おなかがすいたらどうする？」という質問に正しく答えられる	「まえ」と「うしろ」がわかる	怒っているなど自分の感情を言葉で表せる
	イスとりゲームなどの簡単なルール遊びができる	自発的に他児に謝ることができる	「強い」「弱い」の両方の言葉の意味がわかる	10個の中から3個とれる	いやなことをされても気持ちをおさえて「やめて」と言える
4歳	大人が統制死していなくても、4～5人の子どもと協力して遊べる	幼い子どもの世話ができる	昨日のことの話ができる	正方形を真似て描ける	かわいそうな話を聞くと悲しそうにする
	集中して15分程度先生の話を聞ける	友だちと相談したり、妥協したりしながら一緒に遊ぶ	3つぐらいの花の名前が言える	自分の体の左右がわかる	自分の失敗を見られないようにする
5歳	自分たちで作ったお話でごっこ遊びをする	ジャンケンで順番を決める	なぞなぞ遊びができる	5以下の足し算ができる（1＋2など）	鬼ごっこをしてわざとつかまりそうになってスリルを楽しむ
	自分たちだけで集団でルール遊びができる	「しりとり」などのトランプ遊びができる	金曜日の前の曜日が言える	硬貨を見てその名前が言える（1円、10円、50円、100円）	泣くのを人に見られないようにする

出典：本郷ら作成（2018）

る当該児の社会的発達状況と、家族に対するアセスメントとを合わせて保育内容に反映することも一つの手法と言える。

▶ 3 指導計画と支援計画

3歳未満児の保育計画は、クラス全体の「〇月指導計画」と一人ひとりの保育計画を揚げる「個別指導計画」がある。未満児障害児はクラス全体の「〇月指導計画」の1項目として「障害児保育」「未満児障害児」等の項に、クラス全体に関わる配慮や援助について触れられたほか、「障害児個別指導計画」等に計画を立案する。障害児の変化・成長は一般的に典型発達児と比べて時間がかかるため、1か月単位ではなく2、3か月の期間で計画立案している園も少なくない。また、家族やきょうだい、祖父母や地域の育児力などを盛り込んだ「個別支援計画」を立案し、保育所だけでなく、様々な関わりから本児の発達を促し家族を支えていく方策を考えていくことが大切である。

演習問題

1. 1歳A児は他児と比べ発達に多少の遅れが見られるが、個人差の可能性もある。「うちのAは遅れていますか？障害ですか？」と保護者に聞かれたら、どのような手順や対応が考えられるか。
2. 外国籍の両親を持つB児は、他傷・他害が多い。両親は日本語の理解が難しく、他の保護者とコミュニケーションが取れずにいる。園としてできる支援にはどのようなものが考えられるか。

【引用・参考文献】

『保育所保育指針（平成29年告示）』フレーベル館

『保育所保育指針解説』フレーベル館、2018年

本郷一夫編著『「気になる」子どもの社会性発達の理解と支援』北大路書房、2018年

（松好伸一）

第 **15** 章

乳児保育の課題と対応

第**1**節 »»» 乳児保育ニーズの高まり

　待機児の8割が3歳未満児であるように、低年齢児をもつ親の就労が増加している。0〜2歳をもつ常勤職の母親割合は30%前後であるが、非正規職の母親割合は0歳11%、1歳19%、2歳27%と増加する（国民生活基礎調査、2019年7月）。2018年には、0歳児の約15.6%、1・2歳児の47%が乳児保育等を利用している。（**図表15-1**）

　OECD諸国では3歳未満児教育の重要性に注目し、保育機会の拡大と乳児保育の質の向上を模索している。国際比較をみると、わが国の3歳未満児の保育施設等利用率は高いとはいえないが（**図表15-2**）、3歳児以上の保育料無償化に伴い、今後の増加が予想される。

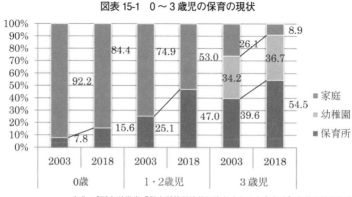

図表 15-1　0〜3歳児の保育の現状

出典：［厚生労働省「保育所等関連状況取りまとめ」各年次］を基に筆者作成

図表 15-2　３歳未満児の保育施設利用割合

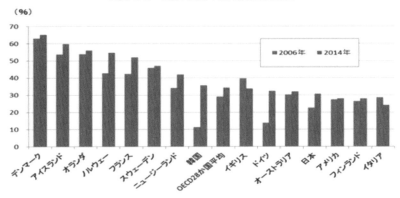

（資料）OECD Family Database PF2.3
（注）2006年の日本は2007年、オーストラリアは2008年、2014年のアメリカは2011年の数値。
出典：日本総研「保育ニーズの将来展望と対応の在り方」2017 年

　乳児保育の保育時間は 12 〜 12.5 時間が 42％を占め、保育所入所時期
も早まっている。全国保育所調査の入所時期では、3 か月以内（38％）、
3 〜 6 か月（21％）、7 か月〜 1 歳未満（24％）、83％が 0 歳児入所である
（日本保育協会、2013 年）。

　約 70％の母親が育児休業 1 年を希望したが、実際の取得者は 51％で、
希望より短かった。その理由は、「育休後では乳児保育所に入れないと
思った」（65％）、「収入が減る」（26％）、「周囲の迷惑になると思った」
（22％）である。

　育児休業した母親について、実際の入所時期と希望入所時期を比べる
と、6 か月未満が約 15％（希望時期は約 10％）、6 か月〜 1 歳未満が約
34％、（同 23％）、1 歳〜 1 歳 7 か月未満が約 40％（同 43％）で、実際の
入所時期は希望時期よりも早かった（**図表 15-3**）。1 歳前半の入所希望が
多いが、実際には希望より早く入所させていた。「2 歳まで育休延長可
能な制度」を知っていた母親は 32％だったが、その場合の希望入所時
期は、さらに遅くなった（東京都福祉保健局、2018）。

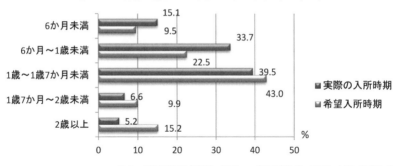

図表 15-3　育休取得者の入所時期・希望時期　（N=6,840）

出典：［東京都福祉保健局，保育ニーズ調査報告書，2018］を基に筆者作成

第2節 ≫≫ 乳児保育と保育士の専門性向上

　集団保育としての乳児保育の質は、保育士の子ども理解の専門的知識と保育技能の向上、それを支える保育環境のあり方によって左右される。待機児解消のために、定員数を超えて保育する園が半数を超え、施設設備や保育士配置が国の認可基準に満たない認可外施設の増加とともに、保育の質が社会問題になっている。

▶ 1　保育環境の整備

　心身ともに急速な質的発達を遂げる乳児保育では、子どもの急速な発達に即した環境整備が大切である。定員数を超える園や施設設置基準が低い園が増えることは、園庭などの遊び空間、食事や睡眠など子どもが育つ生活空間などの乏しさにつながっていく。

　0歳児期には、安全で安心できる一定の広さ、日当たりと風通しのよいほふく室や保育室、五感による豊かな直接体験を経験できる遊び環境、1歳児には、転がり、這い、移動可能な運動や遊びを保障する安全な保育環境、関心・興味を刺激されるモノや周囲の生活環境が求められる。2歳児には、仲間と共に遊びながら学んでいける生活空間や、生活リズ

124

ムを自力で調整できるように生活自立を促すための施設設備などが不可欠となる。

さらに、乳児保育にとって重要な視点は、同年齢でも発達段階や個性が異なることが多い乳児期の子どもたちに、適切な活動が選択できる環境の提供がなされる必要がある。

▶2 発達段階に応じた子ども理解と保育援助

発達過程の最も初期に当たる乳児保育は、養護の側面の重視、養護と教育の一体性が求められるために、幅広い保育経験をもつベテラン保育士が担当することが多い。乳児保育者の関わり方の要点は、乳児の表情・行動・欲求の表出などを適切に読み取り、非言語的関わりを土台にした心身の共感的関わりと身体接触による援助によって、人への信頼感をもった自主的に行動できる子どもを育てることである。

すべての保育者の役割や専門性には、以下の5つがある。

①「発達全般の支援」（子どもの年齢や個性に応じた発達全般の援助）
②「生活力援助支援」（自立に必要な生活力や生活技術獲得援助）
③「養育環境構成支援」（園や地域環境を利用した育つ環境の整備援助）
④「遊び展開支援」（遊びを発展促進するための働きかけ援助）
⑤「関係性構築支援」（子どもを取り巻く人間環境に注目し、子ども同士、大人と子ども、保育士と保護者の緊密な人間関係づくりによる信頼関係形成の援助）

集団保育としての乳児保育では、家庭保育と同じように、一人ひとりの育ちをよく観察し、発達の遅れや偏りなど気になる様子が見られた時には、個人差に応じた個別保育指導計画の作成や保育援助による個別対応が求められることもある。一定時期に身につくはずの発達の姿が見られない時には、家庭と連携しながら、信頼関係のある保育士が短時間でも濃厚な働きかけをすることによって、子どもの育ちを整え直すための援助が必要な場合もある（**図表15-4**）。

図表 15-4　乳幼児期の育ちと育て直し－問われる乳幼児体験

月齢・年齢	育て直しの課題	必要な発達行動	育て直しの関わり方
①　0か月 　　～3か月	快適な身体接触経験 不足の解消	泣く・微笑む・目で追う （反射行動）	快適な身体接触を通して、信頼関係を つくる関わりをする
②　3か月 　　～6か月	新奇刺激への不安の 解消	ぐずる・しがみつく・抱っこ などの身体接触	身体接触によって、守られている感覚を 伝える
②　6か月 　　～1.3歳	見捨てられ不安解消、 人への不安解消	人見知り・後追い行動 やりとりと共同注意	見捨てられ体験を解消する関わり対応 を繰り返す
④　1.3歳 　　～2.6歳	経験を言語化する体 験不足の解消	指さし・模倣・探索行動 言葉による指示理解	感情・行動・意思を解釈して代弁する ことによって、共感関係づくりをする
⑤　2.6歳 　　～4.6歳	対等な2人仲間関係の 経験不足の補充	反抗期・赤ちゃん返り 仲間への関心・2人遊び	自己主張と自己抑制のバランスを教え、 自己調整できるように関わる
⑥　4.6歳 　　～6歳	対等な3人仲間関係の 経験不足の補充	集団を求める行動・けんか 3人仲間経験と自己調整	他者の言い分を言語・行動で意識化し て伝え、仲間関係を仲介する
⑦　6歳 　　～9歳	生活習慣・勤勉性 自己学習意欲	熱中体験・親から友達へ 内面の成長	見守る・ほめる・励ます関わりを通して、 意欲と考える力を引き出す

出典：[角田春高、2014 年] を基に筆者作成

　保育士不足の保育現場において、保育者が乳児と一対一の関係を確保するためには、ゆるい担任制などの人的配置、保育士同士の分担と連携などの組織内連携が欠かせない。保育士が求める最も必要な研修内容は、特別な配慮を要する子どもの理解と保育支援、0～2歳児の保育内容・方法であるといわれる。保育士同士が学び合う園の風土づくり、育ちの過程を見通して対応できる経験豊かなベテラン保育士による若手への保育指導、保育士の資質と自己評価の向上につながるキャリアアップ支援を受ける園内外の研修機会の確保がなされなければならない。

▶ 3　3歳以降の保育との連続性

　従来の保育指針では、乳児期を6か月未満から2歳までの4段階に分けて保育内容を示していたが、今回の改定では、乳児（0歳児）と1歳以上3歳未満児に分けて保育のねらいや内容が示されている。

　1歳は0歳からの、2歳は1歳からの発達・成長の積み重ねの結果であり、月齢・年齢だけでなく個人差に応じた個々の子どもの発達の流れを把握した保育援助の視点が重視される。子どもの現在の姿から過去の

育ちを振り返り、現在の保育に生かしながら将来の育ちを見通す眼を養い、個々の育ちに個別的に対応する専門的保育技術が求められる。

　そのうえで、心身ともに最も成長の著しい人生の土台となる３歳未満と３歳以降を連続した一連の育ちの流れとして受け止め、日々の生活や活動・遊びを通して子ども自身が成長していく「学びの芽」を育てる視点から、０〜５歳児の保育内容の連続性を意識した保育・教育をめざしている。

　これからの３歳以上児の保育所保育は、幼稚園教育と同様に、就学に向けて「幼児期の終わりまでに育ってほしい姿」を育む幼児教育の場であり、３歳未満と３歳以降の育ちの流れの連続性に注目して保育内容をとらえ、細やかな保育支援につなげていく乳児保育士の専門性が求められる。

第3節 ≫≫ 乳児をもつ家庭への子育て支援

　人生の最初に出会う乳児保育は、新米の親子にとって不安と期待が入り混じった場である。乳児にとっての保育士は、もの言えぬ心身の欲求を読み取る理解者であり、快適な対応によって欲求を満足してくれる親代わりである。親にとっては、わが子の発達を熟知したかけがえのない子育て協働者であり、最も身近な専門的相談者でもある。

　最初の支援者である乳児保育担当士は、親子にとって大きな影響を与える存在になる。保護者との温かい関係を築き、相互の連携によって豊かな保育経験を親子に与える存在であることを忘れたくない。

▶ 1　保育相談支援─保護者の相談への対応と助言

　仕事と子育ての両立志向が高まり、乳児の保育所等利用率が急増するとともに、育児準備経験が少ない現代の親たちへの相談と助言は、保育

施設の重要な役割になっている。

　保育所の入所時には、子どもの姿を家庭と園で共有するために、保護者に生育歴の記入を求める。出生時の様子、身体的発達や病歴、家庭環境や出生順位、家族構成などの情報は、子どもの保育だけでなく保育相談や助言にも役立つ。

　親への相談・助言の拠り所は、保育経験から学んだ知識や知恵、事例から得た対処法などである。相談や助言の際には、親の立場や親としてのキャリアの違いなど、相手の状況に配慮した内容や伝え方を選び、その後の経過をフォローする関係づくりが大切になる。

　しかし、子育ての協働者である保育士の相談・助言は、すぐに解答を与えることではない。親自身が相談を通して育児力を高めていける支援、親のエンパワメント支援であることに留意したい。

▶ 2　連携支援—ソーシャルワークによる地域や専門機関との連携

　保育施設は、親たちの相談や助言を心掛けるとともに、乳幼児が育つ家庭生活全般への目配りと、問題解決に向けた地域の多様な連携支援の対応窓口としての役割も担っている。

　家庭を巡る多様な問題には、乳児が犠牲になることが多い。虐待が疑われる事案のように、保育所だけでの対応では解決困難な事例も多い。虐待が疑われる場合には、保育士個人や保育所は守秘義務に関わらず地域機関への通告義務をもっている。地域にある保健・医療・福祉などの専門的機関との多様な連携をはかるソーシャルワークへの取り組みは、今後の保育所保育にとって欠かせない視点になりつつある。

演習問題

1. 最近の親たちの育児を見聞きして、気になることはあるか。それはどんなことか、なぜ気になるのか話し合ってみよう。

2. 低年齢児の保育所保育ニーズが急増している。将来あなたが親になったとき、どんな理由で、どんな乳児保育を望むか。

【引用・参考文献】

角田春高『"今"からはじめる育てなおし─問われる乳幼児体験』エイデル研究所、2014年

厚生労働省「保育所等関連状況取りまとめ」2018年

近藤幹生『保育の自由』岩波書店、2018年

東京都福祉保健局「東京都保育ニーズ実態調査結果報告書」2018年

中野由美子『子育ては生涯学習の原点─親キャリアをアップする支援』大学教育出版、2018年

日本保育協会「保育所における低年齢児の保育に関する調査研究報告書」2013年

（中野由美子）

【監修者紹介】

谷田貝公昭 （やたがい・まさあき）
　目白大学名誉教授、NPO法人子どもの生活科学研究会理事長
[主な著書]『図説・子ども事典』（責任編集、一藝社、2019年）、『改訂新版・保育用語辞典』（編集代表、一藝社、2019年）、『改訂版・教職用語辞典』（編集委員、一藝社、2019年）、『新版 実践・保育内容シリーズ［全6巻]』（監修、一藝社、2018年）、『しつけ事典』（監修、一藝社、2013年）、『絵でわかるこどものせいかつずかん［全4巻]』（監修、合同出版、2012年）ほか

【編著者紹介】

髙橋弥生 （たかはし・やよい）
　目白大学人間学部教授
[主な著書]『図説・子ども事典』（編集委員、一藝社、2019年）、『イラストでみる日本の伝統行事・行事食』（共著、合同出版、2017年）、『データでみる幼児の基本的生活習慣』（共著、一藝社、2007年）ほか

中野由美子 （なかの・ゆみこ）
　元目白大学人間学部教授
[主な著書]『子育ては生涯学習の原点—親キャリアをアップする支援—』（単著、大学教育出版、2018年）、『新版家庭支援論』〈コンパクト版保育者養成シリーズ〉（共編著、一藝社、2018年）『新版保育用語辞典』（編集委員、一藝社、2016年）ほか

130

【執筆者紹介】（五十音順）

大倉眞壽美（おおくら・ますみ）　　［第12章、第13章］
　梅光学院大学子ども学部非常勤講師

大﨑利紀子（おおさき・りきこ）　　［第11章第2節2項］
　横浜高等教育専門学校主任教員

小林祥子（こばやし・しょうこ）　　［第10章、　第11章　第1・3節、
　横浜高等教育専門学校教員　　　　　第2節第1・3項、演習問題］

髙橋弥生（たかはし・やよい）　　［第1章］
　編著者紹介参照

谷川友美（たにがわ・ともみ）　　［第5章］
　別府大学短期大学部准教授

中野由美子（なかの・ゆみこ）　　［第15章］
　編著者紹介参照

中山映子（なかやま・えいこ）　　［第2章、第4章］
　　サンシャインハッピープリスクール園長

福永知久（ふくなが・ともひさ）　　［第8章］
　　鹿児島純心女子大学看護栄養学部専任講師

松本佳子（まつもと・よしこ）　　［第6章、第7章］
　　鶴川女子短期大学非常勤講師

松好伸一（まつよし・しんいち）　　［第14章］
　　石巻専修大学人間学部特命教授

丸橋亮子（まるはし・りょうこ）　　［第3章］
　　宇都宮共和大学子ども生活学部専任講師

八代陽子（やしろ・ようこ）　　［第9章］
　　和泉短期大学児童福祉学科専任講師

装丁（デザイン）　小原正泰
イラスト　おかもとみわこ

〈保育士を育てる〉⑥

乳児保育 Ⅱ

2020年3月10日　初版第1刷発行

監修者　谷田貝 公昭
編著者　髙橋弥生・中野由美子
発行者　菊池 公男

発行所　株式会社 一藝社
　　　　〒160-0014 東京都新宿区内藤町1-6
　　　　Tel. 03-5312-8890　Fax. 03-5312-8895
　　　　E-mail : info@ichigeisha.co.jp
　　　　HP : http://www.ichigeisha.co.jp
　　　　振替　東京 00180-5-350802
印刷・製本　モリモト印刷株式会社